Marketing de réseau 101

Catalogage avant publication de Bibliothèque et Archives nationales du Québec et Bibliothèque et Archives Canada

Rubino, Joe

Marketing de réseau 101, tout ce que vous devez savoir : découvrez les éléments essentiels et les habiletés requises pour toucher des revenus exceptionnels grâce au marketing de réseau

Traduction de : 15 secrets every network marketer must know.

Comprend des réf. bibliogr.

ISBN 978-2-89225-655-0

1. Marketing de réseau. I. Terhune, John. II. Titre. III. Titre : Marketing de réseau cent un, ce que vous devez savoir.

HF5415.126.R82214 2008 658.8'72 C2008-940012-7

Cet ouvrage a été publié en langue anglaise sous le titre original :
15 SECRETS EVERY NETWORK MARKETER MUST KNOW: ESSENTIAL ELEMENTS AND SKILLS REQUIRED TO ACHIEVE 6- & 7-Figure Success in Network Marketing

Published by John Wiley & Sons, Inc., 111 River Street, Hoboken, New Jersey 07030
Tél. : 201 748-6011
www.wiley.com

Adresse municipale :
Les éditions Un monde différent
3905, rue Isabelle, bureau 101
Brossard (Québec), Canada J4Y 2R2
Tél. : 450 656-2660
Téléc. : 450 659-9328
Site Internet : www.unmondedifferent.com
Courriel : info@umd.ca

Adresse postale :
Les éditions Un monde différent
C.P. 51546
Succ. Galeries Taschereau
Greenfield Park (Québec)
J4V 3N8

Dépôts légaux : 1er trimestre 2008

Bibliothèque nationale du Québec
Bibliothèque nationale du Canada
Bibliothèque nationale de France

Conception graphique de la couverture :
OLIVIER LASSER

Version française :
JOCELYNE ROY

Photocomposition et mise en pages :
ANDRÉA JOSEPH [PageXpress]

Typographie : Garamond 13 sur 15,6 pts

ISBN 978-2-89225-655-0

(Édition originale : ISBN 978-0-471-77347-4[pbk.], Hoboken, NJ)

Nous reconnaissons l'aide financière du gouvernement du Canada par l'entremise du Programme d'aide au développement de l'industrie de l'édition pour nos activités d'édition (PADIÉ).

Gouvernement du Québec – Programme de crédit d'impôt pour l'édition de livres – Gestion SODEC.

Imprimé au Canada

Dr Joe Rubino
et John Terhune

Marketing de réseau 101

Tout ce que vous devez savoir

**Découvrez les éléments essentiels
et les habiletés requises pour toucher
des revenus exceptionnels grâce
au marketing de réseau**

UN MONDE DIFFÉRENT

TABLE DES MATIÈRES

DEUXIÈME PARTIE
MAÎTRISEZ LES HABILETÉS CRUCIALES

AVANT-PROPOS

Cet ouvrage repose sur les 33 années d'expertise conjuguée que Joe Rubino et John Terhune apportent à la profession du marketing de réseau. Les deux auteurs ont de l'expérience dans la création d'entreprises de marketing de réseau multimillionnaires et ils font partie du 1 % qui compose l'élite dans ce domaine. Tous deux sont issus d'un milieu professionnel et cultivé. Joe Rubino était dentiste et John Terhune était avocat de la poursuite. Tous deux ont excellé dans leurs professions respectives et ont ensuite mis à profit leurs aptitudes à la réussite dans le domaine du marketing de réseau.

Les lecteurs bénéficieront de la clarté et du pouvoir de leur rédaction, ainsi que de leur expérience de première main relativement à ce qui est nécessaire pour atteindre les plus hauts niveaux de réalisation dans l'industrie du marketing de réseau. Chaque principe exposé dans cet ouvrage est fondé sur des expériences éprouvées et des essais sur le terrain qui ont permis de déterminer les véritables fondements d'un réseau lucratif.

Ainsi, les lecteurs seront rassurés de savoir que les directives données dans les pages qui suivent ont effectivement mené au succès et continuent aujourd'hui de prouver leur valeur dans la mise en application des principes dont il y est question. Les deux auteurs sont reconnus comme étant les plus grands spécialistes du marketing de réseau du monde. Tous deux font régulièrement des conférences, de l'accompagnement et de la formation aux États-Unis, ainsi que dans de nombreux autres pays. Cet ouvrage offre la combinaison remarquable de l'expertise de ces deux formateurs de haut calibre et leaders dans le domaine du marketing de réseau, alors qu'ils révèlent les secrets sur lesquels repose la réussite dans ce champ d'activité.

Ce livre est le seul sur le marché qui développe les approches variées de deux grands formateurs ayant des styles, des idées et des méthodes différentes visant toutes à garantir la réussite de ses lecteurs. C'est d'ailleurs ce qui en fait une œuvre unique. Le travail de Joe Rubino allie les disciplines de la productivité de l'entreprise et de nombreux principes fondamentaux du développement personnel. Le travail de John Terhune, quant à lui, vient y ajouter la perspective d'un spécialiste dans l'art de faire naître la motivation et révèle les secrets d'une attitude gagnante.

Par conséquent, les lecteurs peuvent espérer voir leur entreprise de marketing de réseau grandir aussi rapidement qu'eux-mêmes le feront sur le plan personnel. Ils peuvent également s'attendre à ce que leur motivation personnelle et leur attitude deviennent des facteurs majeurs concourant à leur grande réussite ou à leur échec.

De plus, les lecteurs découvriront tout au long de cet ouvrage des principes, des directives et des exercices détaillés pour les aider dans leur quête visant à maximiser leur efficacité personnelle, leur attitude et leur comportement pendant qu'ils érigeront leur dynastie. Dans cet ouvrage, Joe Rubino et John Terhune mettent leur cerveau en commun et parlent d'une même voix afin que chacun puisse bénéficier de leur sagesse et de leurs idées quant à ce qui est nécessaire pour réussir dans ce fort bastion de la libre entreprise.

Je vous encourage à faire vôtres les idées que ces messieurs ont puisées dans leur expérience personnelle de la création d'entreprise. Greffez chaque principe sur votre modèle d'entreprise et encouragez votre équipe à faire de même. Vous disposerez ainsi d'une formule reproductible, gage d'un succès retentissant.

DR TOM VENTULLO
Président
www.CenterForPersonalReinvention.com

PRÉFACE

Pendant plus de 50 ans, le marketing de réseau a offert à des millions d'entrepreneurs la promesse d'avantages tels que la capacité de travailler à la maison, un horaire variable, la liberté de s'engager à divers degrés dans l'industrie, quand et où ils le voulaient, la possibilité d'échapper à la course désordonnée et précipitée du monde des affaires, de se libérer des patrons et des employés, ainsi que le potentiel de générer un revenu continu sous forme de droits de redevance pouvant s'échelonner entre quelques centaines de dollars par mois à un revenu mensuel se situant dans les six chiffres pour une élite, une minorité inspirée formée de réseauteurs extraordinaires.

Nombreux sont ceux qui, souvent après en avoir fait eux-mêmes l'expérience, voient le concept du marketing de réseau comme l'occasion de toute une vie, comme la chance pour quiconque ne disposant que d'un petit capital de démarrage (généralement entre 100 $ et 1 000 $) de créer une entreprise qui lui appartient et qui a le potentiel de générer des revenus qui changeront sa vie.

Aujourd'hui, l'industrie du marketing de réseau s'enorgueillit d'un parcours impressionnant s'étalant sur plus de 50 années au cours desquelles de nombreuses entreprises, qui ont résisté à l'épreuve du temps, ont systématiquement libellé des chèques, chaque mois, à l'ordre de ceux qui ont cru en la promesse de la liberté personnelle et financière. Ces gens ont épousé la cause du marketing de réseau en utilisant des produits, les recommandant et soulignant les possibilités d'affaires qu'ils présentent, et en en parlant à tous ceux qu'un revenu d'appoint intéresse.

Malgré ce parcours impressionnant, on confond encore le marketing de réseau avec des escroqueries illégales et malhonnêtes, des stratagèmes de Ponzi promus par des charlatans rusés et enjôleurs qui profitent de la naïveté et de la crédulité des gens. Bien que les coûts de démarrage soient peu élevés, qu'aucune formation particulière ne soit exigée et que l'industrie soit si accessible qu'elle permet à presque n'importe qui de rassembler quelques dollars et de lancer sa propre entreprise de marketing de réseau, cette même facilité pousse la majorité des gens qui s'engagent dans cette industrie à ne pas prendre cette aventure suffisamment au sérieux.

En fait, ils se soucient peu d'apprendre à connaître les habiletés essentielles à la véritable réussite ; ils consacrent peu de temps à s'instruire et à perfectionner ces principes essentiels ; ils considèrent leur entreprise comme un passe-temps, fuyant souvent tout engagement sérieux en cédant sur le moment à la facilité ; ils abandonnent dès que surgit le premier obstacle et au moindre signe de rejet, et ils se demandent ensuite pourquoi leurs efforts ont porté si peu de fruits ! Puis ils attribuent leurs échecs à l'industrie du marketing de réseau plutôt que de reconnaître ne pas avoir fait le nécessaire pour réussir.

En écrivant ce livre, les auteurs avaient en tête un but simple et important. Dans une langue simple et convaincante, leur ouvrage donne la réponse à cette question : « Que faut-il vraiment à un individu pour réussir dans l'industrie du marketing de réseau, pour reproduire ce modèle et assurer la réussite de ceux qu'ils recrutent ? »

Si les écrits du Dr Joe Rubino vous sont familiers, vous savez qu'il a traité à dessein, dans chacun de ses quatre autres ouvrages et programmes audio consacrés au marketing de réseau, d'un aspect différent de la création d'une entreprise prospère. Dans *7 étapes pour bâtir une organisation millionnaire en marketing de réseau*, il expose en détail un système simple et éprouvé qui réunit les étapes fondamentales qu'il faut franchir pour réussir en affaires : la vision, la planification, la prospection, le recrutement, la formation, le développement personnel et l'apprentissage du leadership. Riche en exemples de projets, lettres, télécopies, anecdotes, publicités, plans d'action, plans de développement personnel et modèles de leadership, cet ouvrage est considéré par les spécialistes du marketing de réseau comme le guide progressif le plus exhaustif qui soit, exposant toutes les étapes du processus, du recrutement d'un nouveau distributeur jusqu'à la duplication du leadership.

Son ouvrage intitulé *The Ultimate Guide to Network Marketing* est une réflexion sur le concept génial proposé par Napoleon Hill. Il a demandé à des dizaines d'individus qui gagnent leur vie grâce au marketing de réseau, ainsi qu'à des formateurs et à des gourous, de dévoiler les principes et les concepts dont ils avaient jusque-là jalousement préservé le secret et qui, à leur avis, ont contribué à les hisser, eux-mêmes ou ceux qu'ils forment, au faîte de la gloire dans notre industrie. Un grand nombre des secrets qu'ils révèlent dans ce livre n'avaient encore jamais franchi les murs de leur entreprise. Cet ouvrage est réellement la somme de 37 mini-séminaires réunis en un volume remplis de découvertes.

On dit de *Secrets of Building a Million-Dollar Network Marketing Organization from a Guy Who's Been There Done That and Shows You How You Can Do It Too!* qu'il est la bible du marketing de réseau. Dans cet ouvrage, Joe Rubino combine des stratégies et des théories de création d'entreprises éprouvées avec une formation en efficacité personnelle, un sage amalgame du préalable à une croissance personnelle qui sera aussi rapide que celle de votre entreprise.

Finalement, *10 Weeks to Network Marketing Success: The Secrets to Launching Your Very Own Million-Dollar Organization in a 10-Week Business-Building and Personal-Development Self-Study Course* est un coffret audio (CD ou cassette) comprenant un cahier d'exercices. Il offre 10 leçons fondamentales qui, lorsque maîtrisées, se traduiront par d'importantes réalisations. Au rythme d'une leçon par semaine, vous pourrez observer la métamorphose qui s'opérera dans vos habiletés et vos résultats en moins de 90 jours.

Mais alors, pourquoi écrire un autre livre? Parce qu'il est d'une importance vitale d'être en mesure de placer vos nouveaux associés sur la bonne trajectoire. *Marketing de réseau 101, tout ce que vous devez savoir* fait découvrir au lecteur 15 notions du succès que tout nouveau réseauteur doit saisir et que tout leader efficace se doit d'enseigner. Ces principes peuvent être scindés en deux groupes de compétences de base : l'état d'esprit et les habiletés requises pour gagner.

Pour se mettre dans un état d'esprit propice, il faut commencer par développer une attitude gagnante. Plus que tout autre attribut, une attitude gagnante contribuera à la fois à maximiser votre charisme, attirant les autres à vous comme un aimant, et à vous empêcher de vous écarter de ce qui est réellement important pendant que vous érigez votre dynastie.

Ensuite, nous nous pencherons sur le concept de l'échec. Lorsque vous apprendrez à accepter et à apprécier l'échec, sachant qu'il est un préalable qui accompagne et précède toujours le succès dans le monde du marketing de réseau, il perdra de son pouvoir et n'aura plus d'effet négatif sur vous. Après tout, l'échec est toujours une interruption, jamais un fait. Lorsque vous serez capable d'accumuler des échecs phénoménaux, vous apprendrez à créer cet espace réservé au succès que finissent inévitablement par connaître ceux qui entretiennent une relation puissante avec ce concept.

L'autodiscipline est une autre caractéristique fondamentale de tous les réseauteurs qui réussissent. Dans une industrie où personne ne surveille vos moindres gestes, il peut être très facile d'opter pour la facilité au détriment de l'engagement, pour le confort au détriment de la vision. L'autodiscipline est le thermomètre interne qui régit le mécanisme qui doit être enclenché pour produire un résultat. Sans elle, la cohérence et la persistance laissent place à un comportement instable et inefficace, plus typique d'un amateur que d'un véritable créateur d'entreprise. Ceux qui font preuve d'autodiscipline savent que l'abandon n'est jamais une option.

Si c'était le cas, la persévérance ferait rapidement place à la résignation. Ceux qui envisagent la possibilité d'abandonner n'ont pas entièrement foi en leur réussite ultime. Comme ils n'ont pas d'attentes positives, cette non-croyance en une victoire éventuelle se traduit un jour au l'autre par un sabotage de leur entreprise, car ils n'arrivent pas à l'imaginer comme une entité prospère. Chez d'autres, ce doute de soi-même deviendra, avant longtemps, une prophétie qui se réalise. Lorsque l'abandon devient une option, l'engagement, la créativité et la persévérance ne font plus partie du tableau.

Les réseauteurs chevronnés savent que les résultats positifs sont toujours liés à la prise des engagements qui feront que leurs désirs deviennent réalité. En choisissant de s'en tenir chaque jour à ces comportements qui permettront à leur entreprise d'aller de l'avant plutôt que d'emprunter la voie de la facilité, ils s'abonnent au succès. En parlant avec un minimum de distributeurs éventuels sur une base quotidienne, hebdomadaire et mensuelle, en prenant l'habitude d'inviter les gens à jeter un coup d'œil à votre entreprise, en exposant votre plan avec conviction, en travaillant en étroite collaboration avec vos parrains, et en vous faisant le champion d'habitudes productives afin d'amener les nouveaux membres de votre équipe à reproduire ces comportements qui sont un gage de réussite, vous participez à un engagement à prospecter, recruter, enseigner, à dupliquer et à reproduire la démarche efficacement.

Bien entendu, toute cette activité est le sous-produit de la motivation qui découle de la perspective d'un succès imminent, ou en d'autres termes, d'un rêve ou d'une vision de l'avenir irrésistible qui poussent à l'action. Sans un tel pourquoi ou une telle raison de faire progresser votre entreprise, il devient trop facile de céder aux pressions de la vie, leur permettant de vous faire dévier de votre trajectoire professionnelle.

Sans un rêve inspirant qui saura alimenter votre quête et maintenir vivace votre persévérance, le rejet aura probablement raison de votre moral et vous céderez à la tendance bien humaine qui est de chercher le plaisir (la voie du moindre effort) et d'éviter la douleur (le dur labeur, le discours des défaitistes, des opposants systématiques et les réactions négatives).

L'habileté à se maintenir dans un bon état d'esprit et à nourrir l'entrain favorable au succès découlera souvent d'attentes adéquates lors du démarrage de l'entreprise. Les distributeurs qui réussissent savent qu'essuyer un grand nombre de refus, de « non », cela fait partie de ce qu'il faut pour recueillir des « oui ». Ils savent qu'ils sont responsables du développement de leur entreprise, que personne ne le fera à leur place. Former des leaders est un processus qui prend du temps et qui exige des efforts constants. Le marketing de réseau n'est PAS un moyen de s'enrichir rapidement. Ils comprennent également que cette industrie ne convient pas à tout le monde et ils sont reconnaissants à cet égard, car si c'était le cas, elle ne représenterait plus une occasion exceptionnelle avant longtemps.

En plus de maintenir une telle attitude gagnante, les réseauteurs qui réussissent réalisent que leur succès dépend du développement des habiletés nécessaires pour remporter le jeu du marketing de réseau. En développant leurs habiletés en matière de prospection et de recrutement, de formation, d'accompagnement, de motivation et de modèle vis-à-vis de leurs nouveaux associés, ils deviennent aptes à former des leaders. De fait, ils savent que ce comportement – la formation de leaders – est ce pour quoi ils sont payés. Plus ils seront habiles à la duplication, plus leur rémunération sera élevée.

Ils savent qu'il existe des leaders-nés et des leaders en devenir, et qu'ils peuvent faire le meilleur usage de leur temps en cherchant ceux qui détiennent des aptitudes au succès qui se sont soldées par des réalisations antérieures dans d'autres domaines. En prospectant vers le haut (en cherchant des individus prospères et des centres d'influence), ils ont davantage de chances de dénicher des gens qui seront prêts à assumer un rôle de leadership.

Les réseauteurs prospères savent également que pour être en mesure de reconnaître et de former des leaders, ils doivent devenir des experts dans la création de listes permanentes. Ils apprennent à y inscrire le nom de tous ceux qu'ils connaissent, de près ou de loin, mais ils utilisent cette liste avec discernement pour cibler les candidats qui sont les plus aptes à réussir. Ils comprennent qu'il est essentiel d'adopter la bonne attitude s'ils veulent attirer les bonnes personnes ; c'est comme jouer aux échecs, vous effectuez un déplacement et votre candidat potentiel ou nouvel associé effectue un déplacement.

Les réseauteurs chevronnés savent qu'il est rentable de ne travailler qu'avec des gens intéressés, de ne jamais laisser paraître le moindre signe de désespoir ou le besoin impérieux qu'un distributeur éventuel se joigne à leur entreprise. On ne peut pousser sur une corde et on ne peut amener des gens non motivés et non inspirés à faire ce qu'il faut pour gagner, même si vous leur souhaitez davantage de succès qu'ils n'en veulent eux-mêmes.

De plus, les associés qui ont une attitude gagnante comprennent que le marketing de réseau est un sport de contact, qu'il n'est pas pour les faibles ou les cœurs fragiles. Ceux qui réussiront savent que ce succès viendra d'une action massive, efficace, constante et tenace, jumelée avec la volonté de s'immerger dans le développement personnel, d'être toujours à l'affût de ce qui a fonctionné et de ce qui a fait défaut et qui, une fois mis en place, maximiserait leur efficacité personnelle et leur productivité.

Ils savent que l'action efficace se traduit par des présentations efficaces qui font comprendre aux associés potentiels qu'on leur offre une occasion rare et spéciale de devenir les partenaires de professionnels du monde des affaires qui se sont engagés sur une voie sûre menant à la liberté personnelle et financière, et que s'ils se joignent à eux, eux aussi pourront naviguer dans cet univers. Les réseauteurs chevronnés relèvent le défi qui consiste à devenir des experts en matière de présentation de leur plan. Ils comprennent aussi que cela exige du temps et de l'entraînement. Plutôt que de chercher la perfection, ils optent pour l'excellence, sachant qu'avec de l'entraînement et de la rétroaction, chaque nouvelle présentation sera meilleure que la précédente.

Et, bien entendu, la meilleure présentation est habituellement une perte de temps si elle n'est pas accompagnée d'un suivi opportun et constant. Aussi étrange que cela puisse paraître, même les candidats potentiels qui sont intéressés et qui ont l'esprit ouvert n'appelleront pas pour exprimer leur intérêt – ils doivent faire l'objet d'un suivi effectué avec promptitude et professionnalisme. Comme le savent tous ceux qui réussissent haut la main dans cette industrie, la fortune se trouve vraiment dans le suivi !

Finalement, tous ceux qui réussissent dans n'importe quel secteur d'activité, et plus particulièrement dans l'industrie du marketing de réseau, savent qu'il n'existe pas de ligne d'arrivée. La voie menant au succès est un sentier sans fin, un processus continu. Elle suppose une volonté de demeurer dans un état constant de développement personnel. Elle exige un désir d'être continuellement en quête, prêt à répondre aux éternelles questions de ceux qui auront le courage de les poser.

Cette attitude ouverte et curieuse mènera à la croissance et à l'intuition dans des domaines où ils étaient auparavant aveugles, plutôt que de chercher une réponse définitive qui limiterait les activités ultérieures de recherche et d'expansion. Les véritables leaders savent qu'ils auront toujours quelque chose à apprendre et une plus grande sagesse à acquérir ; toujours plus de réalisations enrichissantes à explorer et de nouveaux leaders à inspirer, à guider, à assister et sur qui influer.

Alors que vous épouserez ces 15 concepts qui assureront certainement la croissance et la prospérité de votre entreprise de marketing de réseau, nous vous invitons à ne pas perdre de vue les trois éléments essentiels sur lesquels repose tout accomplissement important : vous devez obtenir des résultats, vous devez connaître une croissance personnelle, et tout aussi important, vous devez vous amuser en cours de route. Puissiez-vous partager le don précieux du marketing de réseau avec un grand nombre de gens qui reproduiront votre succès, assurant ainsi un monde meilleur pour tous.

Sincèrement vôtres dans le partenariat et la réussite,

JOE RUBINO
JOHN TERHUNE

REMERCIEMENTS

Cet ouvrage est dédié à ma femme, Janice, pour souligner son encouragement, son soutien et son amour indéfectible, ainsi qu'à mon ami de toujours et mon partenaire en affaires, Dr Tom Ventullo. Tom et moi avons saisi cette extraordinaire occasion qu'offre le marketing de réseau en 1991, quittant ensemble la dentisterie, alors que nous étions tous deux âgés de 37 ans.

Tom m'a appris la signification du partenariat, ayant été le premier de milliers d'autres associés qui se sont ensuite joints à notre entreprise. Notre partenariat existe encore aujourd'hui, car nous sommes les cofondateurs du Center for Personal Reinvention, un organisme voué à l'excellence et au succès des gens.

Joe Rubino
PDG
www.CenterForPersonalReinvention.com

Comme toujours, je dédie ce livre à mon Dieu, qui a eu la bonté de me donner une femme phénoménale, qui est ma meilleure amie, ainsi que des enfants formidables, une famille, des amis, et une flamme intérieure ardente qui me pousse à vouloir devenir meilleur demain que je ne le suis aujourd'hui.

John Terhune

À PROPOS DES AUTEURS

Dr Joe Rubino est mondialement reconnu dans le domaine du marketing de réseau. Il est formateur, auteur, accompagnateur en réussite, et le président-directeur général du Center for Personal Reinvention, un organisme qui offre un accompagnement personnel et de groupe, ainsi que des cours de productivité et de développement du leadership. Il s'est retiré de sa pratique dentaire millionnaire à l'âge de 37 ans, ayant remplacé et accru ses revenus professionnels grâce à un revenu résiduel généré par le marketing de réseau.

Joe a fait la couverture de plusieurs publications majeures, dont *Success Magazine*, en plus de faire l'objet d'un article-couverture intitulé *We Create Millionaires: How Network Marketing's Entrepreneurial Elite Are Building Fortunes at Breakneck Speed* à cause de ses pouvoirs mobilisateurs. Joe est l'auteur de 10 succès de librairie internationaux, traduits en 19 langues, et distribués dans 49 pays. Ils comprennent, entre autres :

- *7 étapes pour bâtir une organisation millionnaire en marketing de réseau : comment obtenir l'autonomie financière au moyen du marketing de réseau ;*
- *The Ultimate Guide to Network Marketing: 37 Top Network Marketing Income-Earners Share Their Most Preciously Guarded Secrets to Building Extreme Wealth ;*
- *Secrets of Building a Million-Dollar Network Marketing Organization from a Guy Who's Been There Done That, and Shows You How You Can Do It Too! ;*
- *The Magic Lantern: A Fable About Leadership, Personal Excellence, and Empowerment ;*
- *Restore Your Magnificence: A Life-Changing Guide to Reclaiming Your Self-Esteem ;*
- *The Legend of the Light-Bearers: A Fable About Personal Reinvention and Global Transformation ;*
- *10 Weeks to Network Marketing Success: The Secrets to Launching Your Very Own Million-Dollar Organization in a 10-Week Business-Building and Personal-Development Self-Study Course ;*
- *Secret #1 : Self-Motivation Affirmation Tapes.*

Joe se dévoue maintenant afin d'aider les autres à mener une vie réussie et à diriger des entreprises fructueuses. Sa vision consiste à influer sur la vie de 20 millions de personnes et à les guider vers la prospérité et une vie exempte de regrets. Pour en savoir davantage sur le Center for Personal Reinvention et les services qu'il offre, ou pour commander les livres ou les cassettes audio de Joe, consultez le http://www.CenterForPersonalReinvention.com. Pour communiquer avec Joe et voir s'il est possible de retenir ses services en tant qu'accompagnateur personnel, adressez-lui un courriel à l'adresse suivante : DrJRubino@email.com, ou téléphonez-lui au 888-821-3135.

John Terhune est le fondateur et président-directeur général de Rainmaker Consulting Services. Avant de faire partie du 1er/100 de l'élite que compose 1 % de tous ceux qui évoluent dans l'industrie du marketing de réseau, John a agi pendant près de 10 ans comme avocat de la poursuite dans l'État de la Floride. À l'école de droit, il a été nommé meilleur avocat plaidant des États-Unis lors d'un concours commandité par l'American Trial Lawyers Association. En tant qu'avocat de la poursuite en chef de son district judiciaire, il a gagné 232 des 241 causes qu'il a plaidées devant jury. Tout en s'acquittant des tâches reliées à sa fonction, il a également agi comme professeur associé dans de nombreuses écoles de droit, universités et académies.

John a découvert les possibilités offertes par le marketing de réseau à la fin des années 1980 et s'y est promptement attelé. En moins de 24 mois, il en tirait des revenus dans les 6 chiffres, et 3 ans et demi plus tard, il avait atteint le palier de rémunération le plus élevé de son entreprise, une organisation à l'immense réussite à laquelle il a contribué pendant 7 ans, jusqu'à ce qu'il entreprenne une carrière dans la consultation, l'écriture et l'accompagnement.

Sa carrière de consultant est née à la suite d'un appel téléphonique émanant d'une entreprise de marketing de réseau cotée à la Bourse qui lui demandait d'agir à titre de conseiller afin d'aider son équipe de gestion à travailler en meilleure harmonie avec ses leaders œuvrant sur le terrain. Ce mandat a été le premier d'une série de demandes de consultation qui ont finalement amené John à fonder sa propre firme: Rainmaker Consulting Services. Son entreprise emploie 10 personnes et travaille en étroite collaboration avec des clients qui vont de petites entreprises en démarrage à des compagnies bien établies qui visent à porter leurs résultats à un niveau supérieur.

La firme Rainmaker a développé des applications de pointe pour l'industrie du marketing de réseau et est le propriétaire exclusif de plusieurs applications technologiques, dont un système pédagogique numérique. Elle a des clients partout dans le monde, incluant la Russie, l'Europe, Singapour et l'Amérique du Nord. L'expertise de John s'étend à de nombreux domaines, dont le développement de modèles d'entreprise, la conception de régimes de rémunération, la planification stratégique et la mise en œuvre, le financement, la création de matériel de promotion et de stratégies axées, entre autres, sur la création d'une infrastructure de systèmes pédagogiques qui assurent la croissance à court et à long termes.

Malgré ses nombreuses occupations, John a trouvé le temps d'écrire plusieurs livres et programmes de formation qui sont devenus des indicateurs de succès dans le monde des affaires et l'industrie du marketing de réseau. Chaque année, des milliers de réseauteurs s'inspirent de son programme audio intitulé *Basic Training* pour lancer leur propre organisation matricielle.

Une idée originale de John, Attitude Pump, www.attitudepump.com, est devenue l'une des communautés virtuelles connaissant la croissance la plus rapide du monde. À travers elle, il est devenu une sommité en tant qu'ardent défenseur du pouvoir d'une bonne attitude. Son dernier livre, *Decide to Have a Great Day* est un recueil de leçons de vie à cet égard, et il a été chaleureusement accueilli.

Son ouvrage intitulé *The True Entrepreneur*, www.thetrueentrepreneur.com, a été décrit par Dr Denis Wailtley, comme « l'œuvre ultime consacrée à l'entrepreneuriat ».

John siège au conseil d'administration de nombreuses sociétés réseautrices et a agi à titre d'expert juridique et de conseiller stratégique auprès d'un grand nombre d'entreprises bien établies.

PREMIÈRE PARTIE

Mettez-vous dans un état d'esprit propice

Chapitre 1

L'IMPORTANCE D'UNE ATTITUDE GAGNANTE

Deux caractéristiques distinguent les gens qui réussissent haut la main de ceux qui traversent la vie en se contentant de ce qu'elle leur offre. Deux qualités démarquent les gens qui façonnent leur vie de ceux qui permettent passivement à celle-ci de les gouverner. Ces deux caractéristiques qui feront une énorme différence dans votre habileté à concrétiser vos rêves sont une attitude positive et l'autodiscipline.

Commençons par l'attitude, qui est nettement l'une des ressources les plus puissantes qui soient pour tout être humain. L'attitude d'un individu transcende, d'une manière soit positive, soit négative, tous les aspects de sa vie. Elle influe sur les relations, l'énergie mentale et physique, l'endurance, l'image de soi, les habitudes de travail, la capacité de prendre des risques, la volonté de se lancer dans des entreprises nouvelles et stimulantes, l'habileté à faire face à des situations stressantes, l'aptitude au bonheur et, bien entendu, l'habileté à se dépasser.

Un individu doté de talents moyens et d'une bonne attitude l'emportera sur une personne très talentueuse dotée d'une mauvaise attitude ou d'une attitude se situant dans la moyenne. De toutes les caractéristiques physiques et mentales que possèdent les êtres humains et qui les distinguent les uns des autres, c'est l'attitude qui fait toute la différence entre le rendement moyen et l'excellence.

Les hommes et les femmes qui s'efforcent véritablement d'adopter une bonne attitude, et puis de la conserver, réussiront finalement beaucoup mieux que les gens qui ne comprennent pas la nature vitale de cet ingrédient du succès. Mais qu'est-ce que c'est exactement une attitude positive? Et comment l'acquiert-on?

Une attitude positive découle d'une décision rigoureuse d'entretenir des attentes constantes et confiantes en ce qui a trait à l'atteinte de bons résultats.

Essentiellement, c'est la foi en la concrétisation d'un présent brillant et d'un avenir encore meilleur. Adopter une attitude positive ne consiste pas, comme certains le pensent, à se préparer mentalement à croire qu'une bonne fée viendra à votre secours, ou qu'un événement miraculeux, comme un gain à la loterie, viendra changer le cours de votre destinée. La conception mentale requise est basée sur la foi – la conviction que la vie est phénoménale par nature et que, si vous persévérez en ayant des attentes positives vis-à-vis de votre réussite ultime, vous finirez par concrétiser votre rêve.

Vous devez considérer votre attitude comme un actif des plus précieux qui mérite et exige que vous en preniez grand soin. Lorsque vous quittez la maison, vous fermez probablement votre porte à clé pour protéger vos biens des voleurs. Cependant, n'avez-vous jamais pris le temps de penser que vous pourriez perdre tous ces actifs corporels et les retrouver multipliés par dix si vous adoptiez et gardiez un état d'esprit propice?

En vérité, presque tout le monde arrive à voir les choses du bon côté lorsque tout va bien, et nous sommes tous enclins à nous laisser aller au découragement lorsque les choses ne se déroulent pas harmonieusement. L'un des secrets du bonheur consiste à apprendre à ne pas laisser votre attitude emprunter des montagnes russes. Tout le monde peut être optimiste lorsqu'une situation lui est favorable, et tout le monde peut être pessimiste lorsque l'adversité frappe. Toutefois, l'individu qui sera le plus heureux est celui qui peut être optimiste lorsque les autres, qui ont une moins bonne attitude, se laissent gagner par le pessimisme devant les défis que la vie offre parfois.

Sachez que vous êtes le seul responsable de votre attitude mentale. Chaque journée est ponctuée par l'émergence d'innombrables problèmes, une forme de conspiration visant à miner votre attitude positive: des relations familiales houleuses, des problèmes financiers, des employés malheureux, des clients agressifs, votre milieu de travail... et même une chose aussi banale que le bouchon de circulation dans lequel vous vous retrouvez coincé chaque matin en allant travailler. Si vous permettez aux circonstances de déterminer votre attitude, pensez à ce que vous deviendrez! La seule chose qui sépare la victoire de l'échec en ces moments critiques est une attitude disciplinée et positive qui a été développée, pendant des années, avec une intention bien arrêtée.

Donc, une attitude positive est la décision personnelle de croire en ce qu'il y a de mieux pour vous-même et vos rêves. C'est un acte de foi grâce auquel vous supposez avec confiance que les événements de la journée valideront vos attentes de bons résultats. Il n'est pas toujours facile de garder une attitude positive! Cela exige une vigilance de tous les instants; vous ne pouvez pas vous fier au pilote automatique. Vous devez vous y atteler chaque jour, mais il y a peu de choses dans la vie qui vous verseront de plus grands dividendes.

COMMENT DÉVELOPPER UNE BONNE ATTITUDE

L'une des choses les plus formidables que quelqu'un puisse dire de vous, c'est que vous avez une attitude phénoménale. Vous attirerez l'attention des autres êtres humains dans toutes les arènes où vous travaillerez. Et vous vous démarquerez de la masse si vous projetez une bonne attitude. Une attitude supérieure se fait remarquer d'une manière positive. Tout comme une mauvaise attitude se fait remarquer d'une manière négative. Que ce soit au travail, à la maison ou dans le cadre de vos loisirs, vous brillerez et susciterez beaucoup plus d'occasions à saisir si vous affichez une attitude gagnante. Maintenant que nous avons défini ce qu'est une bonne attitude, voyons ce qu'il faut faire pour la développer.

La meilleure façon d'améliorer l'attitude des gens qui vous entourent est d'afficher vous aussi une attitude exceptionnelle. Les gens se sentiront mieux vis-à-vis d'eux-mêmes et de la vie après vous avoir côtoyé. Ce résultat est impossible à obtenir sans une attitude exemplaire qui laisse entendre:

« J'aime ce que je suis, je suis heureux de la direction que j'ai donnée à ma vie et des attentes que j'ai pour l'avenir. »

Il y a plusieurs étapes à franchir pour développer une attitude qui deviendra le fondement d'un cheminement continu menant à de grandes réalisations.

Tenez-vous en haute estime

L'estime de soi a un énorme impact sur l'attitude. La façon dont vous vous percevez façonne la base de votre attitude. Si vous vous sentez paresseux, improductif ou sans énergie, vous ne vous respecterez pas à cause de votre manque de discipline, vous n'aurez pas confiance en vous à cause de votre façon d'affronter les temps difficiles que vous traversez, et vous n'aurez pas un sentiment de valeur personnelle ou ne croirez pas profondément en votre intégrité.

Par contre, si votre apparence et votre rendement vous procurent un sentiment de bien-être, si vous êtes habité d'une confiance intérieure qui résulte du fait que vous pratiquez l'autodiscipline, si vous avez confiance dans la manière dont vous réglez les situations difficiles, si vous savez que vous avez en vous une réserve de détermination qui vous permettra de relever n'importe quel défi, et si vous savez que vous êtes une personne intègre, alors une bonne attitude sera un prolongement naturel de cette perception que vous avez de vous-même.

Chaque journée apporte une nouvelle occasion de faire des expériences positives qui généreront un sentiment plus profond de confiance en soi. Cela exige du temps, mais vous pouvez établir des bases entièrement nouvelles en vous fiant à votre instinct vis-à-vis de la réussite, en optant pour les bonnes décisions, en prenant des risques, en vous préparant, en vous exerçant, en persévérant et en gagnant. Vous pouvez prendre toutes les mesures qui s'imposent pour développer cet air et cette démarche assurée inconscients qui découlent du bien-être que vous inspire votre personne et de cette solide croyance en votre propre potentiel.

L'habileté à projeter une bonne attitude tient beaucoup de l'image de soi. Joe Rubino vous propose *Restore Your Magnificence: A Life-Changing Guide to Reclaiming Your Self-Esteem*, un programme autodidactique exhaustif qui vous permettra de régler votre passé, d'évaluer votre situation actuelle, et de vous façonner un avenir séduisant, fondé sur une haute estime de soi.

Quels gestes pouvez-vous accomplir pour vous assurer que cette structure est bien en place? Voici quelques suggestions.

Faites régulièrement de l'exercice et soignez votre alimentation

Plus vous serez en forme physiquement, plus vous trouverez facile d'avoir une bonne perception de vous-même. Ce bien-être physique est dynamisant et se traduit par des attentes confiantes vis-à-vis de ce que vous attirerez dans votre vie. Une bonne attitude a beaucoup plus de chances de germer dans un sol fertile, irrigué par un sentiment de bien-être en ce qui a trait à votre santé et à votre apparence physique.

Toutefois, un programme d'exercices régulier et une bonne alimentation exigent de la discipline. Chaque fois que vous vous exercez à l'autodiscipline, vous faites taire cette voix intérieure qui vous exhorte à choisir la voie du moindre effort et à fuir la douleur. Plus vous vous engagerez dans cette bataille et plus souvent vous en sortirez gagnant, mieux vous vous sentirez par rapport à vous-même.

Associez-vous avec des gens qui vous offriront un terrain fertile pour développer une bonne attitude

C'est un fait que la majorité d'entre nous adopte et reproduit les attitudes de ceux que nous côtoyons régulièrement. « Les mauvaises compagnies corrompent les bonnes mœurs », dit l'adage. De la même manière, une association avec des gens qui sont constamment négatifs viendra corrompre une bonne attitude. Nous connaissons les effets des mauvaises fréquentations sur le comportement des enfants. En tant que parents, nous sommes extrêmement vigilants en ce qui a trait à cet aspect de leur vie, car nous connaissons l'influence d'une relation positive par opposition à une association négative.

Soyez tout aussi vigilant dans le choix de vos propres relations, car elles auront un effet majeur sur votre attitude personnelle. Il vous est certainement déjà arrivé de côtoyer quelqu'un qui drainait votre énergie en se plaignant constamment et en ne voyant que le côté négatif des choses. Inversement, rappelez-vous ces moments où vous avez été en présence d'une personne qui était tellement positive que sa vision du monde et de ses conditions de vie n'a pu que vous inspirer.

En vérité, vous ne pouvez pas côtoyer des gens qui drainent votre énergie si vous voulez développer et maintenir une bonne attitude. Vous devez vous associer avec des gens qui vous insufflent de l'énergie et qui rechargent vos batteries, et non le contraire. Chaque jour, vous pouvez choisir les gens avec qui vous vous associez. Chaque bonne décision que vous prendrez ajoutera une autre brique de qualité à la fondation que vous érigez en développant une excellente attitude.

Mettez par écrit le nom des cinq personnes les plus positives que vous connaissiez. Ces gens ne vous subtilisent pas votre énergie ni ne vous laissent avec le sentiment d'être le même, ou pire que vous ne l'êtes, lorsqu'ils vous quittent. Ils vous laissent avec l'impression d'être rechargé à bloc et optimiste, dans l'attente de grandes choses.

Mettez maintenant par écrit le nom des cinq personnes les plus négatives que vous connaissiez. Ces personnes ne vous laissent pas non plus avec le sentiment d'être le même. Elles vous laissent en fait avec l'impression d'être vidé ; leur nature même vous laisse avec moins d'oxygène que vous n'en aviez au moment où vous avez fait leur connaissance.

Maintenant, inscrivez vis-à-vis de chaque nom combien de temps vous passez généralement en compagnie de cette personne. Voici le but de cet exercice. Vous devez devenir très conscient de qui sont les gens avec qui vous passez le plus de temps, et vous devez déterminer si leur compagnie vous sert réellement et s'ils galvanisent votre attitude ou y portent atteinte.

À partir de là, maximisez le temps que vous passez avec ces gens qui vous donnent de la vigueur, et minimisez le temps que vous passez avec ceux qui drainent votre énergie. Vous serez agréablement surpris par l'effet positif que les premiers auront sur votre habileté à développer et à maintenir une bonne attitude. Dès que vous attribuez la responsabilité de votre attitude aux circonstances ou à une autre personne, vous compromettez le pouvoir qu'elle exerce dans votre vie et vous risquez sa perte.

Lisez des ouvrages et écoutez des programmes audio qui rempliront votre esprit d'une information éclairée qui se traduira par l'adoption et le maintien d'une bonne attitude. Développez un appétit insatiable pour une nourriture mentale positive. Commencez à voir le temps que vous consacrez à vos déplacements comme du temps à investir dans le maintien de votre attitude.

Pensez au nombre d'heures que vous passez dans votre voiture ou à voyager chaque année. Et si vous preniez la décision de transformer ce temps en périodes de développement personnel et de maintien de votre attitude? Combien d'heures avez-vous perdues l'an dernier à écouter une quelconque station de radio insipide, ou à lire des magazines qui n'ont eu aucun impact sur cet actif incroyablement précieux qu'est votre attitude?

Notre esprit a besoin d'un apport positif quotidien. Si nous absorbons des aliments mentaux positifs sur une base régulière, notre esprit réagit favorablement et appuie notre cause avec beaucoup d'énergie et d'endurance. Ce qui est extraordinaire avec ce régime, c'est qu'il n'est pas nécessaire de compter les calories! Plus vous absorberez d'aliments mentaux positifs chaque jour, mieux ce sera.

Si vous voulez acquérir le type d'attitude qui est à la base des grandes réalisations, persuadez-vous que votre état d'esprit est tout aussi, sinon plus, important que votre bien-être physique. Prenez-en soin; investissez en lui. Lisez au sujet de gens inspirants et des attitudes qu'ils ont affichées sur la voie menant à leurs grands accomplissements.

Mettez-vous dans la tête de gens qui ont accompli ce que vous voulez accomplir en écoutant des CD, en lisant des livres, en vous abonnant à des bulletins d'information, en assistant à des séminaires... en faisant tout ce qui est nécessaire pour vous placer dans un mode de croissance continue. Décidez que la personne que vous serez dans un mois aura évolué et possédera une meilleure attitude que la personne que vous êtes aujourd'hui.

Osez rêver à de meilleurs lendemains

Les gens qui se sont donné la mission d'accomplir de grandes choses trouvent beaucoup plus facile d'adopter une bonne attitude, car elle découle de grandes attentes en ce qui a trait à de meilleurs lendemains. Si vous croyez que demain ne sera pas meilleur qu'aujourd'hui, vous aurez de la difficulté à faire preuve d'optimisme, tant dans votre humeur que dans vos activités. Un grand nombre de gens tentent d'atteindre des buts, mais se heurtent à un problème qui peut être clairement défini : ils n'ont pas lié les désirs de leur cœur aux activités qu'ils sont sur le point d'entreprendre ! Ils n'ont tout simplement pas l'attitude mentale requise pour être efficaces.

Maintenez des attentes positives en renouant avec vos rêves sur une base quotidienne. Permettez à votre vision du succès d'agir comme le ferait le fil de mise à la terre d'un parafoudre. Comparez votre esprit à un paratonnerre. Les choses négatives qui se manifestent inévitablement dans la vie et au travail frappent vos pensées, tout comme l'éclair frappe le paratonnerre. Cependant, peu importe la puissance de l'impact, sa force est neutralisée par le fil de mise à la terre qui absorbe et détourne l'électricité, éliminant ainsi le danger.

Tout au long de votre vie, vous serez frappé par des éclairs. Vous vous heurterez à des obstacles et vous connaîtrez des échecs temporaires. Devant des déceptions cuisantes, l'individu moyen vacille. Beaucoup de gens ne s'en remettent jamais. Ils s'enlisent silencieusement dans les sables mouvants du désespoir et finissent par accepter la défaite. Toutefois, si vous caressez passionnément un rêve, vous serez beaucoup plus apte à réagir vigoureusement dans des situations qui, autrement, influeraient de façon négative sur votre attitude.

Ayez une mission personnelle et un énoncé de valeurs qui vous permettront de renouer avec vos rêves

Mettez par écrit les énoncés qui traduisent vos valeurs, votre mission et votre vision, car ils sont le reflet de ce que vous êtes et de ce que vous voulez que votre vie devienne. Gardez-les à portée de la main de manière à pouvoir les réviser régulièrement. (Voir *7 étapes pour bâtir une organisation millionnaire en marketing de réseau* pour une explication claire de la façon dont on peut créer une vision séduisante et basée sur des valeurs.) Lorsqu'un échec vous laisse momentanément démoralisé, sortez votre liste d'énoncés et rappelez-vous la personne que vous êtes, ainsi que la vision captivante que vous tentez de concrétiser. Cela vous aidera à rectifier votre trajectoire et à renouer avec votre passion.

Sachez exprimer votre gratitude

Un autre ingrédient qu'il convient d'ajouter à la recette permettant de maintenir une attitude constamment positive est la notion de gratitude. Dans notre société, nous sommes bombardés sans relâche par des messages au sujet de ce que nous n'avons pas. Malgré tous ces messages négatifs, la vérité toute simple est que tout homme, toute femme et tout enfant s'éveillent chaque matin dans un monde rempli d'une abondance possible.

Tous pourraient bouillonner d'excitation à l'idée de vivre cette journée et son lendemain, mais la majorité des gens ne le font pas. Le fait d'exprimer de la gratitude pour ce que vous avez déjà vous aidera à irradier une énergie positive. Après tout, qui avons-nous tendance à remarquer en premier lors de rassemblements sociaux ? Autour de qui les gens gravitent-ils et avec qui engagent-ils la conversation ? C'est invariablement avec la personne qui affiche un état d'esprit positif et une attitude enthousiaste. Faites tout ce qui est en votre pouvoir pour que cette personne, ce soit vous !

Vivez passionnément

Il n'y a pas de façon plus valorisante de vivre sa vie qu'en poursuivant passionnément ses rêves. Choisissez de travailler avec passion à la concrétisation de la vision que vous avez d'une vie de rêve, car c'est à ce moment-là que vous serez le plus vivant et que vous afficherez la meilleure attitude.

Levez-vous chaque matin en nourrissant des attentes excitantes pour un meilleur lendemain. Si vous n'avez jamais été habité par ce sentiment, ou s'il s'est étiolé, il est peut-être temps d'aller de l'avant et d'imaginer un avenir nouveau et plus inspirant pour vous-même et pour ceux que vous aimez. Examinez votre vie, vos associations et vos actions. Bâtissez-vous un rêve séduisant. Lorsque vous aurez conçu un rêve qui vous motive et vous inspire, et que vous vous serez engagé avec passion dans sa concrétisation, vous brillerez comme si vous étiez une flamme vive. C'est maintenant le temps de décider d'être vivant!

Pour plus d'information et d'inspiration sur le développement, le maintien et la préservation d'une bonne attitude, lisez *Decide to Have A Great Day*, de John Terhune.

Chapitre 2

LE POUVOIR DE L'ÉCHEC

L'échec est l'une des expériences les plus précieuses que vous puissiez faire dans votre vie. La façon dont vous affrontez l'échec peut vous permettre de vous démarquer de la masse.

Bâtir une société réseautrice et l'exploiter à domicile a davantage trait à l'échec qu'à des victoires qui s'additionnent jour après jour. Si vous n'êtes pas prêt à essuyer des échecs, vous ne ferez pas de place au succès. Une entreprise exploitée à domicile a également trait à la vente. Dans la réalité, presque tout ce qui touche aux affaires est relié à la vente. Que vous vendiez votre produit, votre concept ou vous-même, l'industrie du marketing de réseau vous place constamment dans un mode de vente. Et comme vous évoluerez dans l'univers de la vente, vous essuierez bien davantage de refus que de réponses positives. Cela fait tout simplement partie du processus de la réussite.

Une scène est devenue classique dans le film intemporel *La vie est belle*, mettant en vedette Jimmy Stewart. Deux anges discutent d'une mission urgente à effectuer sur Terre afin de venir en aide à George Bailey. « Qu'est-ce qui ne va pas ? », demande le premier. « Est-il malade ? » Le deuxième ange répond : « Non, c'est encore pire ; il est découragé. »

George considérait sa vie comme un échec, grandement attribuable à un concours de circonstances qui l'avaient toujours empêché de réaliser un rêve qu'il caressait depuis l'enfance et qui était de parcourir le monde. Même s'il interprétait comme un échec la direction qu'avait prise sa vie, il devait admettre que plusieurs autres y voyaient, bien au contraire, une réussite éclatante. L'échec est toujours une question d'interprétation, et non une expérience reposant sur des faits.

Vous connaîtrez des échecs, et ils pourront être douloureux. Donc, au lieu de voir l'échec comme un ennemi mortel qui détruit vos rêves, apprenez à voir les choses sous un autre jour. Apprenez à voir l'échec comme un important allié qui accroît vos connaissances et qui consolide votre force d'âme. En fait, l'échec a une valeur extraordinaire. Comme l'a dit le général Colin Powell : « L'opposition perpétuelle est un multiplicateur de force. »

Les gens qui accomplissent de grandes choses n'ont pas peur d'échouer. C'est parce qu'ils reconnaissent que l'échec est un excellent professeur lorsqu'on le considère avec l'œil d'un gagnant. Enfants, nous sommes tombés d'innombrables fois lorsque nous apprenions à marcher ; aujourd'hui, nous marchons toute la journée sans accorder la moindre pensée à ce geste. Thomas Edison a échoué plus de 10 000 fois avant d'inventer une ampoule électrique fonctionnelle ; aujourd'hui, on se souvient de lui comme d'un grand inventeur. Babe Ruth a été retiré au bâton plus d'un millier de fois, et on l'a pourtant surnommé le Sultan de la balle.

Ni Edison ni Ruth n'étaient des surhommes ; ni l'un ni l'autre ne possédaient des habiletés mentales et physiques supérieures qui les démarquaient des autres mortels. Thomas Edison est bien connu pour avoir observé d'un ton pince-sans-rire : « Le génie est fait d'un pour cent d'inspiration et de quatre-vingt-dix-neuf pour cent de transpiration. » Ce qui *distingue* les gagnants de l'individu moyen est le fait qu'ils voient dans l'échec un événement, et non un mauvais sort.

Tous les gagnants savent que pour aller au-devant de la victoire, il est crucial d'être prêt à faire face à l'échec en cours de route. Si nous apprenons à voir l'échec comme un poteau indicateur qui nous montre la voie du succès, nous comprenons qu'en nous donnant la liberté d'échouer, nous créons des occasions de gagner gros.

Tout le monde a connu des échecs et peut en parler. Nous en tirons une leçon et nous les utilisons pour augmenter notre bagage de connaissances. Alors que vous n'étiez qu'un petit bébé, la première fois que vous avez tendu la main pour saisir un objet et que vous l'avez malencontreusement poussé loin de vous, votre esprit a traité activement l'information qui vous permettrait d'attraper avec succès cet objet lors d'une tentative ultérieure. Votre échec vous a rendu plus efficace.

Lorsque vous échouez, vous pouvez faire plusieurs choses pour transformer le découragement en détermination. Premièrement, prenez le temps d'étudier les attitudes et les actions de ceux qui ont remporté de grandes victoires avant vous. Lisez des biographies d'hommes et de femmes qui ont vaincu l'adversité et qui ont réussi haut la main. Plus vous verrez comment d'autres personnes ont mené des luttes similaires aux vôtres au début de leur vie, plus vous renforcerez votre détermination à passer outre le découragement ou l'échec.

Une deuxième façon de transformer le découragement en détermination consiste à trouver un accompagnateur ou un mentor qui vous aidera à conserver l'attitude appropriée. Un bon accompagnateur ou mentor vous aidera à mettre en perspective tant l'échec que la réussite. Pour plus d'information sur des programmes d'accompagnement personnel et de groupe spécialement conçus pour assurer le succès des réseauteurs, consultez : www.CenterForPersonalReinvention.com ou : www.rainmakerconsulting.com.

Troisièmement, vous transformerez le découragement en détermination en créant des énoncés de valeurs, de mission et de vision qui reflètent ce que vous êtes et ce que vous voulez que votre vie devienne, et en les gardant à portée de la main de manière à pouvoir les réviser régulièrement. Lorsqu'un échec vous laisse momentanément démoralisé, sortez votre liste d'énoncés et rappelez-vous la personne que vous êtes, ainsi que la vision captivante que vous tentez de concrétiser. Cela vous aidera à rectifier votre trajectoire et à renouer avec votre passion. Une vision puissante basée sur des valeurs peut vous donner la motivation personnelle nécessaire pour surmonter n'importe quel échec temporaire. Encore une fois, pour un guide détaillé exposant la façon de créer une vision qui saura vous motiver et inspirer les autres, voyez l'étape 1 de *7 étapes pour bâtir une organisation millionnaire en marketing de réseau*, un ouvrage écrit par Joe Rubino.

Quatrièmement, vous transformerez le découragement en détermination en développant une méthode qui vous permettra de mettre les choses en perspective, à volonté. Que vous fassiez une balade en voiture, écoutiez de la musique douce, fassiez une promenade à pied ou une activité physique intense, vous pourrez créer un mécanisme qui vous offre un moyen de tourner vos pensées vers un lieu où la clarté mentale et la confiance en votre vision se trouveront ranimées et renforcées.

Finalement, et plus important encore, vous tirerez de grands triomphes du découragement en développant une bonne attitude par rapport à l'échec. L'échec devrait déclencher un examen minutieux qui vous poussera à revoir, moment par moment, la réflexion, la planification et les actions qui ont mené à vos déboires. Déterminez avec soin ce qui a mal tourné, de manière à être plus efficace la prochaine fois que vous vous trouverez dans une situation similaire. L'échec vous en apprendra toujours davantage que la victoire. Prenez l'habitude de disséquer chaque échec et de détecter l'élément manquant qui, mis en place la prochaine fois, pourra se traduire par des résultats fort différents.

Si vous permettez à vos erreurs de freiner votre élan, vous permettez à l'échec de remporter la victoire. Et pourquoi donneriez-vous à la possibilité d'échouer, ou à l'échec lui-même, autant de pouvoir sur votre destinée? Ne faites pas ça! Exploitez le pouvoir de l'échec, mettez-le à votre service et continuez à poursuivre votre rêve.

Réfléchissez à l'analogie suivante: pour concrétiser votre rêve grâce à l'occasion d'affaires qui vous est offerte, vous devrez remplir d'eau deux contenants. L'un de ces contenants est un bidon de 200 litres. On peut lire le mot « Non ! » sur l'étiquette collée sur sa paroi. L'autre contenant, d'une capacité de 4 litres, porte une étiquette sur laquelle on peut lire le mot « Oui ! » Vous devrez remplir les deux contenants pour réussir.

Chaque fois que vous exposerez votre idée ou établirez un nouveau contact, vous obtiendrez un verre d'eau que vous devrez ensuite verser dans l'un ou l'autre de vos contenants. Tout rejet est bon, car il vous permet de remplir un peu plus le contenant du « Non ! ». Réaliser une vente ou devenir le parrain de quelqu'un vous donne un verre d'eau à verser dans le contenant du « Oui ! ». Pour réussir, vous devrez récolter plus de « Non ! » que de « Oui ».

LE SUCCÈS DANS TOUT TYPE DE VENTE EST UN JEU DE NOMBRES

Vous devrez effectuer un certain nombre de contacts, de présentations et de rencontres de suivi, car votre réussite sera toujours en grande partie un jeu de nombres. L'importance de ces nombres dépendra de votre habileté à établir des rapports avec les gens et à rendre contagieuse la confiance que vous avez en votre organisation. Plus vous gagnerez en efficacité lorsqu'il s'agit de donner de la valeur à votre offre aux yeux de vos candidats potentiels, moins important sera le nombre de gens à qui vous devrez parler pour obtenir le même résultat.

Tout en ne perdant pas de vue vos attentes, il est important de vous rappeler que ce que vous offrez ne semblera pas toujours excitant pour tout le monde. Lorsque vous avez vous-même saisi cette occasion d'affaires, vous avez vu ce qu'elle vous donnait la possibilité d'accomplir. Vous avez compris. Pour vous, c'était clair comme de l'eau de roche. Parce que vous avez compris, vous avez tout naturellement pensé que tout le monde arriverait aussi aisément que vous à la même conclusion.

Eh bien, revenons sur terre… Ce n'est pas tout le monde qui comprendra immédiatement. Beaucoup ne comprendront jamais. Rappelez-vous que, lorsqu'on vous a présenté cette occasion, vous l'avez vue à un moment particulier de votre vie, à travers la loupe de votre vécu. Personne n'aura jamais un vécu identique au vôtre. Ce que vous ressentez vis-à-vis de la vie et la frustration que vous inspire votre condition étant donné les efforts que vous avez consentis, n'appartiennent qu'à vous.

Que vous en ayez conscience ou non, vous étiez en mode de recherche, car les circonstances de votre vie étaient telles que vous commenciez à songer à emprunter une autre voie. Les attributs d'une entreprise exploitée à domicile (mise de fonds minimale, investissement de votre temps libre, possibilité d'un revenu résiduel substantiel) étaient tous des éléments qui vous ont paru séduisants à cette étape précise de votre vie.

Si quelqu'un repousse l'occasion que vous lui offrez, ce n'est pas à vous qu'il dit non. Il repousse votre offre à ce moment-là de sa vie. Si vous le traitez avec respect et lui laissez un bon souvenir de votre conversation, il est possible qu'il soit un jour disposé à accepter votre offre. Ne vous sentez jamais personnellement visé par le rejet ; ce n'est pas vous que l'on rejette, ce n'est que l'occasion que vous offrez à ce moment-là !

Concentrez-vous sur autre chose tout en déterminant vos attentes. Certaines personnes dans notre monde sont tout simplement négatives. Peu importe ce que vous leur présenterez, elles ne feront rien pour changer leur vie. D'autres préfèrent être misérables, car cela leur donne une excuse pour se plaindre. S'ils étaient heureux, ils n'auraient aucune raison de protester, et ils se sentiraient tout aussi misérables. Ils sont là autour de vous, et vous les rencontrerez. Ne leur permettez pas de gâcher votre journée et ne pensez pas que leur cynisme constitue une attaque dirigée contre vous.

Tout ce que vous pouvez faire, c'est d'offrir en cadeau cette occasion de générer des revenus à ceux qui la voient pour ce qu'elle est et qui sauront la saisir. Si la personne à qui vous avez parlé choisit de ne pas accepter ce cadeau, cela ne diminue en rien la valeur de votre offre. Souvenez-vous seulement de traiter tout le monde avec respect et attendez le moment idéal pour présenter votre occasion d'affaires à quelqu'un d'autre.

Vous êtes maintenant dans un état d'esprit propice pour ériger votre entreprise. Revoyons brièvement en quoi consiste cet état d'esprit. Vous savez que la seule chose qui vous sépare de votre rêve est le remplissage de deux contenants avec de l'eau. Chaque geste que vous posez dans le but d'ériger votre entreprise équivaut à un verre d'eau que vous devez verser dans l'un de ces deux contenants, et tous deux devront être remplis. Le contenant du « Non ! » a une capacité de 200 litres, et celui du « Oui ! » ne peut contenir que 4 litres, mais vous devez les remplir tous les deux. Vous serez tout aussi enthousiaste devant un *non* qu'un *oui*, car vous devez recueillir beaucoup plus de refus que d'acceptations ! Vous comprenez que ce n'est pas tout le monde qui se trouve en mode de recherche, et qu'aucun plan d'affaires ne peut convenir à tout le monde.

En vous mettant dans l'état d'esprit propice, vous minimisez votre peur et vos appréhensions. Une petite dose de peur ou d'appréhension est bénéfique. Cela entraîne une irrigation importante de votre cœur et de votre cerveau. Si vous parliez à des professionnels qui s'apprêtent à accomplir une tâche, la majorité d'entre eux avoueraient avoir encore le trac ou des papillons dans l'estomac avant d'occuper le devant de la scène. Qu'il s'agisse d'un golfeur professionnel qui s'apprête à frapper sa première balle, ou d'un présentateur de nouvelles du journal télévisé qui se prépare à entrer en ondes à 18 heures, ils ont des papillons dans l'estomac. Les professionnels apprennent aux papillons à voler en formation.

La peur peut être presque entièrement éliminée avec suffisamment d'entraînement et de préparation. Habituellement, la peur naît lorsque vous pensez que quelqu'un rira de vous ou ne respectera pas ce que vous faites. Vous devez adopter une approche positive relativement à l'occasion d'affaires que vous offrez. Personne ne peut rire devant le potentiel de réussite qu'offre l'univers du marketing de réseau. Cette industrie a produit des milliers de millionnaires au cours des 30 dernières années.

Quiconque connaît vraiment le monde des affaires doit respecter le fait que, en échange d'un investissement minimal, on a la possibilité de faire un coup de circuit financier monumental. Nous avons généralement tendance à ne faire référence qu'à ces gens qui frappent la balle au-delà des limites de l'aire de jeu. La vérité, c'est qu'il y a des dizaines, et même probablement des centaines de milliers de gens dans notre industrie qui gagnent extrêmement bien leur vie sans demeurer coincés dans les embouteillages pour se rendre au travail. Ils travaillent à temps partiel à la maison, prennent congé lorsqu'ils en ont envie, et ne se soucient pas d'avoir à rendre des comptes à un patron. Si les gens connaissaient vraiment la vérité au sujet de notre industrie, ils ne pourraient faire autrement que d'être très impressionnés.

Vous devez vous accorder un certain mérite pour ce que vous avez fait. Vous avez évalué votre situation dans la vie et vous vous êtes dit: *« Je peux faire mieux. »* Le fait que vous ayez pris la situation en main et décidé d'agir est quelque chose qui vous distingue considérablement de la masse.

Soyez fier de votre décision de devenir entrepreneur, et soyez fier d'avoir eu la prévoyance et le courage de prendre votre destinée en main. N'importe qui peut se présenter au travail chaque jour et être le subordonné d'un patron. N'importe qui est apte à permettre à quelqu'un d'autre de déterminer la valeur de ses efforts. Il faut vraiment avoir du cran pour risquer d'échouer et réussir grâce à ses seuls efforts. En prenant la décision de lancer votre propre entreprise, vous avez répondu à l'appel de l'entrepreneuriat. Vous avez pris en main les rênes de vos rêves. Vous devriez être très fier de vous et de ce que vous faites.

Le fait de vous exercer à accomplir l'ensemble des tâches reliées à votre entreprise vous aidera à éloigner la peur ou l'appréhension. C'est ici qu'il est important de comprendre qu'il ne faut pas vous inquiéter si vous échouez.

Chaque fois que vous faites quelque chose qui est relié à la création de votre entreprise, vous mettez en pratique vos habiletés. Ceux qui ont une vue d'ensemble de l'industrie comprennent que les échecs ne sont que des obstacles temporaires sur la route qui mène au succès. Si vous en êtes seulement à vos débuts, fixez-vous l'objectif de présenter votre affaire à 100 prospects, sans vous soucier de parrainer qui que ce soit. Acceptez d'être un novice et appréciez le processus d'apprentissage jusqu'à ce que vous maîtrisiez la nouvelle profession que vous avez choisie!

Chapitre 3

L'AUTODISCIPLINE : LA PLUS IMPORTANTE CONDITION PRÉALABLE À LA RÉUSSITE

L'autodiscipline ne fait pas spontanément penser à une partie de plaisir, n'est-ce pas ? La majorité des gens associent tout ce qui a trait à la discipline avec douleur et souffrance, tout comme on grimace en entendant le crissement d'un ongle sur un tableau noir. En entendant le mot « discipline », vous avez presque envie de vous rebeller, comme si vous n'étiez encore qu'un écolier qui sait que cela ne peut que se traduire par des problèmes.

Sachez que l'autodiscipline peut devenir l'un de vos plus grands atouts. Elle vous donne la possibilité de vous distinguer de la concurrence. Elle peut faire toute la différence dans tous les aspects de votre vie.

Votre volonté de faire preuve d'autodiscipline au quotidien vous distinguera de l'individu moyen, tout aussi précisément que le ferait une bonne attitude. Il s'agit de l'un de ces aspects de la vie où vous pouvez choisir de quel côté de la ligne vous voulez vivre. Vous pouvez vivre du côté qui valorise l'autodiscipline, ou du côté qui apporte une gratification immédiate sans tenir compte des conséquences à long terme de vos actions ou de votre inertie. Le côté de la ligne que vous choisirez sur une base ponctuelle aura un impact direct sur votre qualité de vie et sur l'ampleur de vos réalisations. Tout comme l'attitude, l'autodiscipline est un aspect de votre vie sur lequel vous pourrez exercer un contrôle total si vous prenez la décision d'y souscrire.

Faire preuve d'autodiscipline, c'est prendre la décision ou faire le choix de se refuser un plaisir instantané en échange d'un avenir meilleur. La volonté d'opter pour une gratification différée par opposition à la satisfaction immédiate est inhérente au concept de l'autodiscipline. Ou, autrement dit, c'est la volonté d'écouter la voix qui prône l'excellence au lieu de se contenter d'évoluer dans la moyenne.

Exercez-vous dans un domaine où de nombreuses personnes ont de la difficulté à faire preuve d'autodiscipline. Choisir de ne pas s'exercer est certainement plus commode et sera plus agréable sur le moment. Cependant, ce moment sera vite passé, et vous devrez faire face à la réalité et admettre que vous avez choisi la voie de la facilité qui n'offre qu'un plaisir éphémère, et non pas les résultats que vous désirez réellement obtenir à long terme.

Si vous vous exercez régulièrement à faire preuve d'autodiscipline, vous sacrifiez le moment présent au profit d'un accomplissement futur. Ce n'est pas ce que vous ressentez aujourd'hui qui importe ; ce sont plutôt les avantages à long terme de l'autodiscipline par opposition à la gratification immédiate qu'apporte l'inaction.

Votre vie sera beaucoup plus satisfaisante et vous accomplirez beaucoup plus en tant qu'être humain si vous vous disciplinez à prendre des décisions qui tiennent compte de l'avenir. En d'autres termes, lorsque vous prenez des décisions, vous devez tenir compte de leurs conséquences à long terme. Chaque décision que vous prenez aujourd'hui – agir ou ne pas agir – aura des ramifications demain.

Votre habileté à faire preuve d'autodiscipline sera grandement accrue si vous avez des buts dans la vie qui vous motivent à agir dans l'espoir que vos gestes seront productifs et donneront les résultats escomptés. Si votre but est de vous mettre en forme, si votre but est d'être respecté par vos pairs, si votre but est d'atteindre l'excellence en affaires ou dans votre vie personnelle, le but en question déterminera la décision à prendre. C'est le but qui donne son orientation à chaque décision. Si la décision relative à une action donnée n'est pas ancrée à un but ou à un rêve, elle ne se traduira sur le moment que par l'ennemie du succès, c'est-à-dire la gratification instantanée.

Examinez l'exemple suivant. Vous avez devant vous une pointe de votre tarte préférée. Vous avez mangé à votre faim, mais ce dessert est fort tentant. On pourrait essayer de vous persuader que ce n'est pas grave, qu'il ne s'agit que d'une petite portion. Toutefois, vous résistez, car vous savez que l'on reste mince un repas à la fois, et que l'on prend du poids un repas à la fois. L'autodiscipline dans les domaines de l'alimentation et de l'exercice physique a tendance à transcender tous les aspects de la vie. La même volonté est nécessaire pour respecter une diète ou un programme d'exercices que pour soulever le combiné du téléphone et appeler un client potentiel ou regarder une émission à la télévision.

On ne se met pas en forme avec une seule séance d'exercices. On le fait en respectant scrupuleusement un programme d'activités composé de séances quotidiennes. En omettant des séances de façon répétitive, on demeure dans une forme médiocre. Ces omissions ne procurent qu'une gratification immédiate. Pour vous mettre en forme ou bâtir une entreprise prospère, vous devez apprendre à différer la gratification et à faire preuve d'autodiscipline en choisissant de faire des gestes qui viendront appuyer vos buts à long terme. L'autodiscipline est un choix qui consiste à opter pour des résultats futurs qui découlent des nombreuses décisions importantes que vous prenez chaque jour, au lieu de privilégier des résultats à court terme en empruntant la voie de la facilité.

Pourquoi cet exercice d'autodiscipline est-il si difficile ? C'est vraiment très simple. Il y a dans votre esprit deux voix qui, par défaut, prônent la facilité et le plaisir. Le bagage génétique de tous les êtres humains contient ces deux voix intérieures. Ce qui rend l'autodiscipline si difficile, c'est qu'il vous faut créer une autre voix intérieure qui vous exhortera à outrepasser le plaisir éphémère, dédaignant votre tendance innée à chercher la gratification instantanée.

Ce qui est intéressant, c'est que vous avez le choix d'écouter cette nouvelle voix en prenant chacune de vos décisions, chaque jour de votre vie. Écoutez-vous cette voix intérieure qui vous incite à chercher le plaisir temporaire, ou créez-vous une voix appelée caractère, une voix qui a l'habileté de faire taire celle qui appelle la gratification immédiate ?

Le caractère et l'autodiscipline sont étroitement reliés à la constitution complexe de tout être humain. Les gens qui manquent d'autodiscipline manquent-ils également de caractère ? Non. Cependant, le caractère est souvent le fondement de l'autodiscipline. Avec le temps, l'exercice consistant à faire preuve d'autodiscipline et à différer la gratification immédiate donnera naissance à la confiance en soi et à une image de soi positive. Vous comprendrez que vous pouvez vous fier à votre jugement pour prendre les bonnes décisions, des décisions qui respectent votre vision de la vie et qui ne sont pas gouvernées par ce qui est plus commode sur le moment, mais qui ne sert pas vos intérêts.

Il est important de comprendre que les apparences comptent lorsqu'on est en affaires. Rappelez-vous toutefois que les apparences n'ont pas uniquement trait aux vêtements que vous portez ou à votre maquillage. Vos habitudes quotidiennes en matière d'autodiscipline (ou manque de discipline) en diront beaucoup aux autres sur la personne que vous êtes. Les gens ont beaucoup plus tendance à respecter, croire et suivre quelqu'un qui fait preuve d'autodiscipline et qui sait différer la gratification qu'à quelqu'un qui ne vit que pour le moment présent et qui n'a pas de profond engagement envers de grands buts et de grands rêves.

Votre habileté à faire appel à votre voix intérieure pour vous aider à faire preuve de l'autodiscipline nécessaire à l'atteinte des résultats que vous souhaitez est largement tributaire de la motivation que suscite une vision de l'avenir suffisamment riche pour vous orienter vers la concrétisation de vos rêves. Si vous désirez ardemment quelque chose, la décision d'opter pour la gratification différée est beaucoup plus facile à prendre qu'une décision qui n'est pas liée à une chose qui soit émotionnellement importante pour vous.

Un phénomène mental simple se produit lorsque les gens font preuve d'autodiscipline. Ils entendent l'appel automatique et génétique du plaisir, comme tout le monde. Cependant, parce qu'ils ont renforcé leur habileté à s'arrêter et à réfléchir aux résultats qu'entraîneront leurs décisions, ils ont exploité le pouvoir personnel nécessaire pour agir en accord avec leur mission et l'ont mis à leur service dans ce domaine précis de leur vie. Ils ont également développé l'habileté mentale d'isoler de façon rationnelle la voix qui prône le plaisir instantané.

Voyez-vous, cette voix qui valorise le plaisir est terriblement persuasive. Elle est capable de forger des arguments séduisants en s'appuyant sur des faits et des exemples pour justifier l'emprunt de la voie de la facilité. Cette voix est passée maître dans l'art du compromis et met l'accent sur le plaisir instantané, dissimulant votre faculté de détecter l'existence d'une vision plus vaste et plus importante, remplie de possibilités.

Quatre applications de l'autodiscipline peuvent générer d'énormes dividendes :

1. ***Soyez ponctuel.*** Des gens ont détruit leur crédibilité aux yeux de leurs associés en ne faisant pas preuve d'autodiscipline et en n'arrivant pas à l'heure à leurs rendez-vous d'affaires. Lorsque vous avez fixé un rendez-vous à quelqu'un, que ce soit au téléphone ou en personne, le fait d'être ponctuel indique à l'autre personne que vous respectez la valeur de son temps, car vous êtes prêt à donner la priorité à l'engagement que vous avez pris envers elle.

Arriver en retard à un rendez-vous envoie un message qui clame que vous ne respectez par le temps de l'autre personne et que votre temps a plus de valeur que le sien. Il est préférable d'arriver beaucoup trop tôt qu'avec le moindre petit retard. En faisant preuve d'autodiscipline dans ce domaine de votre vie, vous enverrez un message disant que vous tenez parole et êtes fidèle à vos engagements. En étant témoin de votre comportement, il est plus probable que les gens suivent votre exemple et respectent, tout comme vous, le temps d'autrui.

2. ***Ne remettez rien à plus tard.*** La procrastination est le sous-produit du manque de discipline. Chaque jour, dressez la liste de toutes les choses que vous devez faire. Ensuite, déterminez celles qui vous tentent le moins, avec la ferme intention de vous y attaquer en premier. Accomplissez-les avec le plus d'enthousiasme possible, en vous rappelant les raisons pour lesquelles il est important qu'elles soient faites. Les autres éléments de votre liste vous paraîtront alors beaucoup plus faciles à aborder.

3. ***Demeurez en bonne santé et soignez votre apparence.*** La discipline à cet égard transcende et facilite la mise en pratique de l'autodiscipline dans tous les autres domaines de votre vie. Si vous faites preuve d'autodiscipline dans les domaines de l'alimentation et de l'exercice physique, vous développerez une volonté qui pourra être appliquée avec succès dans les autres sphères de la vie. La mise en pratique de l'autodiscipline ressemble beaucoup au renforcement musculaire. Plus vous l'utilisez et l'appliquez,

plus vous en appréciez les avantages et plus il devient facile d'opter pour la gratification différée.

4. ***Respectez une éthique du travail rigoureuse.*** C'est un aspect qui peut vous démarquer de la masse dans le monde du marketing de réseau. De nombreuses personnes sont prêtes à travailler dur pendant une brève période de temps, mais peu sont enclines à fournir des efforts soutenus pendant longtemps. En démontrant une éthique du travail rigoureuse, vous inspirerez les autres à suivre votre exemple. Un effort soutenu entraînant une action concertée et une croissance accélérée de votre entreprise générera un revenu d'appoint qui vous laissera beaucoup de temps libre pour jouir des plaisirs de la vie une fois que votre organisation aura développé des leaders. L'activité entourant la duplication de vos efforts en développant d'autres leaders engagés et motivés donnera vie à votre organisation qui, éventuellement, n'exigera plus de dur labeur de votre part.

L'autodiscipline se traduit par de nombreux avantages, tant matériels qu'immatériels :

- Le respect de soi ;
- La confiance en soi ;
- Une énergie contagieuse qui reflète le respect de soi, la confiance en soi et la foi en votre succès éventuel, et qui attirera les gens à vous comme le ferait un aimant ;
- Un élan dans votre vie personnelle et professionnelle ;

- Parce que la pratique de l'autodiscipline est une habitude, elle transcendera tous les autres domaines de votre vie.

Aujourd'hui, vous vous heurterez à des dizaines d'instants qui pourraient soit vous procurer un plaisir à court terme, soit vous donner l'occasion de prendre une meilleure décision qui établira les fondements d'avantages à long terme. Si vous avez l'intention de grossir les rangs de l'élite dans le marketing de réseau, vous devrez faire ce que les meilleurs font dans cette zone. Les gens dont les revenus sont les plus élevés dans notre profession choisissent l'autodiscipline et la gratification différée, et repoussent la commodité et la satisfaction immédiate.

Prenez le temps de déterminer où vous en êtes en matière d'autodiscipline. Passez en revue les domaines dont nous avons parlé et, sur une échelle de 1 à 10 (1 étant la note la plus faible et 10 la plus forte), évaluez votre autodiscipline. Pour tous les domaines où votre pointage est inférieur à 8, écrivez comment une plus grande discipline influerait sur votre vie et vos affaires si vous pouviez vous donner une note de 10. Rappelez-vous que l'autodiscipline, tout comme le succès, est un choix.

Chapitre 4

POURQUOI L'ABANDON N'EST PAS UNE OPTION SI VOUS VOULEZ RÉUSSIR

Voici une triste vérité : la majorité des gens qui se lance dans la profession du marketing de réseau abandonne ! Il y a plusieurs façons d'analyser cette statistique. L'abandon n'est pas l'apanage de l'industrie du marketing de réseau. Les gens abandonnent leurs études, quittent leur emploi, divorcent, cessent de s'entraîner ; il est facile d'abandonner. La nature humaine étant ce qu'elle est, les gens baissent souvent les bras lorsque cela devient difficile. En décidant de ne pas abandonner, vous êtes assuré de vous hisser bien au-dessus de la masse. Lorsque vous comprenez que vous pouvez avoir beaucoup de succès en parrainant aussi peu que 1, 2, 3 ou 4 leaders, il est tout à fait sensé de persévérer jusqu'à ce qu'ils fassent partie intégrante de votre équipe.

Pouvez-vous imaginer quelle serait votre vie si une voix intérieure ne cessait de proclamer que vous êtes une personne lâche, quelqu'un du genre à abandonner facilement ou à se laisser abattre ? Quelle terrible opinion à avoir de soi-même ou de quelqu'un d'autre. Ceux qui choisissent d'abandonner ne persévèrent pas parce qu'ils ne nourrissent pas l'espoir de découvrir ce qui leur manque pour atteindre leurs buts. Le grand orateur Winston Churchill a prononcé un discours de collation des grades peu après que les Alliés aient vaincu Adolf Hitler. On dit que son discours tout entier se résumait à six mots : « Ne jamais, jamais, jamais, jamais abandonner ! » L'avertissement de Winston Churchill est à la fois incroyablement profond et indéniablement vrai ; l'abandon n'est pas une option si vous voulez gagner dans la vie. L'abandon est une maladie qui prendra des proportions démesurées et étouffera dans l'œuf tout accomplissement si elle trouve un hôte dans lequel vivre.

Vous entendrez pratiquement chaque jour de votre vie une voix intérieure vous encourageant à abandonner quelque chose. L'abandon représente toujours la voie de la facilité (une voie indésirable), la voie du moindre effort. Cette voie mène à un manque de foi en vous-même et en une inaptitude à accomplir ce que vous vous êtes proposé de faire mentalement et émotionnellement. Cette voie du moindre effort mène au doute et à la déception. C'est la voie qui mène ultimement à l'échec.

La voie du moindre effort détruit toute possibilité de faire preuve de caractère, car elle vous pousse à éviter tous ces événements qui doivent se produire dans votre vie si vous voulez mettre vos nerfs à l'épreuve, renforcer votre caractère et garder vos résolutions. Chaque fois que vous accueillez un défi comme une nouvelle occasion de grandir, vous développez de l'aversion pour la voie du moindre effort. Vous serez alors trop occupé à baliser le sentier qui dévoilera tout votre potentiel pour même songer à abandonner !

Imaginez un moment quel genre d’endroit serait l’Amérique si Martin Luther King Jr avait abandonné. Bien sûr, il a traversé des moments où il a eu l’impression de ne faire aucun progrès dans sa quête pour l’égalité raciale. Croyez-vous qu’il a parfois été tenté d’oublier la notion d’excellence et de se résoudre à faire partie de la moyenne ? S’il l’avait fait, il aurait anéanti sa vision de l’avenir et laissé tomber tous ceux qui cherchaient en lui inspiration et leadership.

Et qu’en est-il de ces hommes sur la tête de pont normande qui sont sortis du bateau de débarquement pour se heurter à un barrage meurtrier de tirs de mitraillettes ? Que serait-il arrivé s’ils avaient abandonné ? Certains des hommes se trouvant sur la plage d’Omaha, horrifiés par le spectacle morbide offert par leurs compagnons qui étaient fauchés par des vagues sanglantes, ont été tentés d’abandonner. Ils se sont recroquevillés, immobiles sur le sable, s’efforçant d’offrir la plus petite cible possible aux canons mortellement précis des nazis.

C’cst alors qu’un licutcnant s’cst drcssé au milicu dc la grêle d’obus et a hurlé : « Allez-vous rester couchés là et mourir, ou allez-vous vous lever et faire quelque chose ? » Les hommes se sont levés et ont repris l’assaut. Leur commandant de navire les avait aidés à renouer avec leur engagement envers l’excellence.

L’histoire est truffée de récits de grandes victoires qui ont été remportées par des individus qui ont refusé d’abandonner, ainsi que de tragédies dans lesquelles d’autres n’ont pas réalisé leur potentiel en baissant les bras. Le refus d’abandonner révèle la profondeur du caractère d’un individu.

L'histoire du marketing de réseau est remplie de beaux récits de réussite qui sont attribuables à la détermination la plus pure et au refus d'abandonner. Cette même industrie a également laissé en héritage le tragique destin de gens qui auraient pu se bâtir une vie formidable s'ils avaient tout simplement fait preuve de caractère en s'accrochant à la poursuite de leurs rêves.

L'un de plus beaux cadeaux que vous puissiez vous faire est la promesse de ne jamais abandonner. Faire cette promesse est une chose, la tenir en est une autre. Voyez-vous, il est facile d'abandonner. Cela procure cette gratification instantanée dont nous avons parlé plus tôt. L'abandon ne vous incite pas à creuser profondément en vous afin de tester la mesure de votre caractère.

Examinez le scénario suivant. Imaginez que votre père et votre mère ont travaillé toute leur vie et ont fait des sacrifices pour économiser de l'argent gagné à la sueur de leur front. Ils n'ont jamais vécu dans la maison qu'ils auraient probablement eu les moyens d'acquérir parce qu'ils économisaient afin de vous faire un jour la surprise d'un merveilleux cadeau qui changerait votre vie. Ils n'allaient pas au cinéma. Ils n'ont pris de vacances qu'une ou deux fois au cours des 20 dernières années, car ils ne pensaient qu'à ce cadeau qu'ils vous offriraient un jour. Ils vous ont demandé de vous asseoir et, avec des larmes dans les yeux, ils vous ont dit à quel point ils vous aimaient. Ils vous ont dit avoir travaillé dur toute leur vie et différé toute gratification dans de nombreux domaines afin de vous faire un cadeau. Ils vous remettent un chèque de deux millions de dollars et vous disent qu'ils souhaitent que vous achetiez votre propre entreprise de manière à ce que vous deveniez maître de votre destinée.

Maintenant, imaginez que pour devenir un distributeur au sein de votre entreprise et participer à cette occasion de générer des revenus, il en coûte deux millions de dollars, au lieu de la somme dérisoire que vous avez en fait versée pour vous affilier à cette organisation. Avec des larmes dans les yeux, vous remerciez vos parents pour leur générosité et leur promettez que vous réussirez à ériger votre entreprise. Vous promettez que vous ne les laisserez pas tomber.

Dans ce scénario, à quel point serait-il facile ou difficile d'abandonner? Comment vous occuperiez-vous de votre entreprise dans de telles circonstances? Hésiteriez-vous à investir dans l'acquisition de connaissances au sujet de l'industrie et seriez-vous réticent à l'idée de développer les habiletés de leadership nécessaires? Y aurait-il un certain nombre de rejets qui vous écarteraient de votre mission, c'est-à-dire réussir de façon à ce que les efforts et les sacrifices de vos parents n'aient pas été vains? Nous vous invitons à gérer votre entreprise de marketing de réseau avec de telles valeurs et ce même sens élevé de l'appréciation.

Ce qui est merveilleux dans l'industrie du marketing de réseau, c'est qu'il n'est pas nécessaire d'investir beaucoup d'argent pour s'engager. Et ce qui est terrible dans l'industrie du marketing de réseau, c'est qu'il n'est pas nécessaire d'investir beaucoup d'argent pour s'engager. Avec un seuil de risque aussi faible, il est facile pour les gens de se retirer si leur entreprise ne génère pas immédiatement des revenus intéressants.

En décidant très tôt que l'abandon n'est pas une option, vous devancerez 85 pour cent des gens qui ont choisi cette profession À elle seule, cette décision vous placera immédiatement dans le groupe de tête composé de 15 pour cent des distributeurs novices. Comme dans la vie, si vous vous occupez chaque jour de votre entreprise en adoptant une bonne attitude, la bataille sera déjà à moitié gagnée. Décidez très tôt que l'abandon est une voie d'évitement inacceptable devant l'adversité, le rejet et les difficultés. Devenez un éternel étudiant du jeu qu'est le marketing de réseau, un étudiant engagé à recueillir suffisamment d'information et d'expertise pour vous convaincre que la réussite est inévitable.

Si vous n'êtes pas prêt à affronter le processus du rejet, à vous élever au-dessus des difficultés quotidiennes, et à tendre vers le développement personnel nécessaire pour devenir un partenaire en affaires et un parrain attrayant, alors cette industrie n'est pas pour vous. Il est probable que vous soyez davantage mis à l'épreuve sur le plan personnel dans cette industrie que dans tout autre projet que vous avez entrepris au cours de votre vie. Allez-vous reculer devant ces défis, ou allez-vous les relever, sachant que les luttes et les défaites feront de vous la personne que vous devez devenir pour connaître le succès? N'ayez pas peur du processus, adoptez-le.

Entreprenez la démarche qui fera de vous la personne que vous voulez être et qui vous élèvera au-dessus de tous ces gens qui espèrent de meilleurs lendemains, mais qui ne sont pas prêts à payer le prix du succès. Faites-vous une promesse. L'abandon n'est pas une option. L'abandon est un schème de comportement qu'il est trop facile de répéter. La persévérance est également un modèle de comportement qui se répétera. Tracez votre ligne personnelle dans le sable. Décidez que durant ce voyage, l'abandon ne pourra exister.

Ce n'est tout simplement pas une option. Lorsque vous prenez la ferme résolution qu'aucun événement, aucun individu, aucune déception ne vous amènera à dire : « J'abandonne », vous vous donnez la permission de faire tout ce qu'il faut pour réussir.

Chapitre 5

PRENEZ DES ENGAGEMENTS QUI COMPTENT

L'ultime succès ou l'échec final dans votre entreprise de marketing de réseau (tout comme dans la vie en général) découlera directement de votre engagement. À chaque moment de chaque journée, les réseauteurs se retrouvent à une croisée des chemins. Ils peuvent choisir de respecter l'engagement qu'ils ont pris envers eux-mêmes, ou ils peuvent céder à la tentation de prendre la voie du moindre effort et laisser s'étioler leurs rêves et leur vision de l'avenir. Ils peuvent choisir le risque et offrir à des distributeurs éventuels la possibilité de saisir une occasion qui changera leur vie, ou ils peuvent se contenter d'être aimés ou de bien paraître et demeurer silencieux.

Aussi, ils peuvent s'engager à être rigoureux avec les membres de leur équipe, du moment de leur engagement à celui de leur réussite, ou ils peuvent choisir de ne pas les épauler et d'éviter toute situation embarrassante. Tout le monde est engagé envers quelque chose. Ceux qui deviennent prospères et qui accèdent à la liberté personnelle et financière choisissent de s'engager à faire des gestes qui sont en accord avec leur vision du succès.

Si l'on décortique le concept du succès en ses divers éléments, on constate qu'une composante cruciale est la volonté de prendre des engagements qui paveront la voie à la concrétisation de votre vision. Si vous étudiiez les habitudes quotidiennes des gens qui ont le mieux réussi au monde, vous verriez que les individus qui atteignent les plus hauts sommets dans leurs réalisations prennent des engagements envers eux-mêmes et qu'ils les respectent, quelles que soient les circonstances.

Tout comme l'attitude et l'autodiscipline, la volonté de s'engager à adopter un certain comportement qui aura une influence positive sur votre vie est une décision qui doit être prise dans votre esprit et dans votre cœur. Les mariages réussis existent parce que les deux partenaires sont engagés dans leur relation. Se mettre en forme résulte d'un engagement à faire régulièrement de l'exercice et à adopter de saines habitudes alimentaires. Les entreprises traditionnelles réussissent parce que leurs propriétaires ont décidé qu'ils engageraient suffisamment de temps, d'argent et d'efforts pour créer un scénario d'affaires gagnant.

Dans l'univers du marketing de réseau, la réussite a trait à un engagement personnel à faire ce qu'il faut pour attirer, former et guider des leaders organisationnels. Elle repose également sur l'exemple que vous donnez aux membres de votre équipe. Les sections qui suivent exposent les engagements que vous voudrez prendre si vous voulez devenir un leader inspirant, capable d'accomplir ces gestes qui conduiront à la création d'une entreprise prospère.

APPRENEZ À BIEN CONNAÎTRE VOTRE GAMME DE PRODUITS

Il n'y a pas de meilleur moyen d'apprendre à bien connaître votre gamme de produits que d'en utiliser vous-même le plus grand nombre possible. Afin de donner le bon exemple dans votre organisation, vous devez devenir un promoteur dynamique de vos produits. Ce sont ces produits qui constituent le fondement de cette occasion qui vous est offerte de générer des revenus. Des produits extraordinaires font partie de ce qui distingue les entreprises réseautrices légales des organisations de vente pyramidale illégales.

Rappelez-vous que le marketing de réseau est une entreprise de relations d'affaires dans le cadre de laquelle la commercialisation se fait de personne à personne et est alimentée par le bouche à oreille. Vous ne défendrez jamais efficacement vos produits si vous ne les utilisez pas vous-même et n'en retirez pas des avantages. Pour appuyer vos expériences personnelles et accroître votre crédibilité, utilisez le plus grand nombre possible des produits qu'offre votre organisation.

Bien entendu, il peut arriver que certains de ces produits aient été conçus pour le sexe opposé, pour des animaux familiers, ou pour des occasions ou des conditions particulières. Vous devrez apprendre à vous servir du témoignage d'autres personnes qui sont en mesure d'utiliser et d'apprécier ces produits. Lorsque c'est possible, vous avez tout avantage à substituer vos propres produits aux produits de la concurrence. Découvrez les caractéristiques qui différencient vos produits et présentez-les comme étant spéciaux ou uniques. Trouvez de nombreuses façons intéressantes d'utiliser vos produits afin d'en accroître les possibilités. Devenez un passionné de vos produits et partagez avec autrui votre amour de ceux-ci aussi souvent que vous le pouvez.

APPRENEZ À MIEUX CONNAÎTRE VOTRE ENTREPRISE ET SON HÉRITAGE

À peu près toutes les entreprises de marketing de réseau ont un héritage dont leurs associés peuvent être fiers. Rappelez-vous que les réseauteurs qui réussissent sont passés maîtres dans l'art de raconter l'histoire des origines de leur organisation, de ses produits et de l'occasion qui s'offre à celui qui choisit de devenir distributeur indépendant. Prendre le temps de tout connaître de l'entreprise avec laquelle vous travaillez influera sur votre habileté à parler de façon convaincante de ce qui vous y a attiré. Vous devez dégager une aura de fierté et de loyauté lorsque vous parlez de l'organisation avec laquelle vous vous êtes associé et sur laquelle vous avez misé votre avenir. Le degré auquel vous épouserez la culture de votre entreprise et parlerez fièrement de son évolution déterminera votre efficacité à convaincre des distributeurs éventuels de se joindre à vous afin d'assurer un avenir brillant à l'organisation.

APPRENEZ À BIEN CONNAÎTRE VOTRE PLAN D'AFFAIRES ET LE RÉGIME DE RÉMUNÉRATION DE VOTRE ORGANISATION

Les grands leaders du monde du marketing de réseau ne dépendent pas des autres pour présenter leur entreprise ou en expliquer le régime de rémunération. Ils se font un devoir de bien comprendre leur plan d'affaires et d'expliquer en quoi le régime de rémunération de leur organisation est remarquable, et ils excellent lorsqu'il s'agit d'aider les autres à développer leurs propres plans d'action. Ils peuvent ensuite vivre leur carrière tout entière, forts de cette connaissance, et raconter avec passion comment le plan de leur entreprise a changé leur vie et celle de ceux qui ont embrassé ce partenariat.

Dès vos débuts dans l'industrie, trouvez quelqu'un en amont qui comprend la dynamique de votre plan et assoyez-vous avec cette personne afin d'en réviser tous les aspects complexes. Cela ne signifie pas que vous devrez faire part de ces aspects à tous les candidats potentiels à qui vous parlerez. Toutefois, vous vous adresserez de temps en temps à quelqu'un qui voudra connaître tous les détails de votre plan avant de s'engager ou de passer à l'action. Lorsque vous présenterez votre plan, vous vous efforcerez toujours de le faire simplement et d'en exposer uniquement les grandes lignes, mais il sera toujours bon d'avoir en tête tous les détails, au cas où un distributeur éventuel ou un nouveau partenaire souhaiterait en savoir davantage. Après tout, un véritable professionnel connaît tous les aspects de ses produits, son plan d'affaires et le régime de rémunération qu'offre son entreprise.

Un petit conseil cependant : ne demeurez pas inactif et ne retardez pas vos interventions uniquement parce que vous ne connaissez pas tous les détails de votre plan à vos débuts dans l'industrie. Si vous êtes novice : « Je ne sais pas » est une excellente réponse à des demandes de précisions, à condition d'être suivie par : « Je travaille avec une personne très bien renseignée qui me donnera les réponses et je serai en mesure de vous éclairer dès demain. »

Ces gens qui travaillent en amont sont là pour ça : trouver des réponses pour vous aider. Ne devenez pas la proie de la paralysie de l'analyse. Engagez-vous seulement à mieux connaître votre plan rapidement, de manière à pouvoir transmettre cette connaissance aux autres sans avoir longtemps recours à l'aide de ceux qui évoluent en amont.

APPRENEZ À CONNAÎTRE LES GENS QUI ONT RÉUSSI DANS VOTRE LIGNÉE DE PARRAINAGE

Tout le monde aime entendre des histoires de succès. Quelle que soit l'organisation dans laquelle vous évoluez, elle a été le théâtre de l'histoire de gens qui vous ressemblent (et d'autres qui ne vous ressemblent pas du tout), de gens qui ont décidé de prendre des engagements qui ont changé le cours de leur vie et des résultats qu'ils ont obtenus. Ces gens se sont engagés et ils ont gagné. Ils ont érigé des entreprises réseautrices ayant généré d'importants revenus et qui ont eu une profonde influence sur leur vie et sur celles de ceux qu'ils ont initiés à l'industrie.

Prenez le temps de découvrir l'histoire inspirante de ces gens. Plus vous aurez d'histoires de succès à partager, plus votre organisation paraîtra crédible et fiable aux autres. Repérez qui sont ceux qui ont le meilleur rendement, et faites tout ce qui est en votre pouvoir pour les rencontrer. Vous pouvez même les inviter à déjeuner afin de mieux les connaître, de leur demander de vous raconter leur parcours et de vous donner quelques conseils.

EXPOSEZ VOTRE PLAN ASSEZ SOUVENT POUR CRÉER UNE DYNAMIQUE

Si vous voulez faire naître une attente de réussite dans votre entreprise, vous devez exposer votre plan plusieurs fois par mois pour créer une dynamique. Les statistiques se rapportant à l'industrie du marketing de réseau révèlent que, en tant que leader, vous commencerez à créer une dynamique en présentant cette occasion de générer des revenus au moins 15 fois par mois. C'est l'échelon le plus bas sur l'échelle du leadership.

Des leaders dynamiques prennent généralement toutes les mesures nécessaires pour faire un minimum de 20 à 25 présentations par mois, assorties d'une rencontre de suivi appropriée. Prenez l'engagement d'effectuer un nombre minimal de présentations sur une base mensuelle et respectez-le. Rappelez-vous que si vous voulez un jour que votre entreprise soit présentée à 1 000 candidats potentiels sur une base quotidienne, vous devez donner l'exemple en faisant des gestes qui inspirent les autres et créent une dynamique dans votre entreprise.

CRÉEZ UNE INFRASTRUCTURE D'INFORMATION POSITIVE QUI VOUS AIDERA À SURMONTER LE DÉCOURAGEMENT

C'est un fait établi que dans toute entreprise de vente ou de marketing de réseau, vous serez rejeté par de nombreuses personnes avant d'en rencontrer qui verront la valeur de votre offre et qui accepteront de se joindre à vous. Vous pouvez décider de laisser ces refus alimenter votre découragement ou vous pouvez développer la force mentale qui vous donnera l'impression que vous mesurez trois mètres et que vous êtes blindé, imperméable à toute négativité.

Prenez l'engagement de créer une infrastructure d'information positive dans votre vie. Que cette source d'information provienne de programmes audio, de livres ou d'associations avec d'autres personnes, vous ne pouvez côtoyer quiconque draine votre énergie. Dans la vie, vous êtes ce que vous pensez au plus profond de vous-même. Créez une atmosphère de positivité qui érigera une barrière protectrice contre la négativité dans votre vie personnelle et professionnelle. Et si vous estimez que votre réussite est inévitable, vous pourrez vous raccrocher à une croyance inébranlable en vous-même, étant motivé à faire tout ce qu'il faut pour arriver à vos fins.

BONIFIEZ VOTRE ATTITUDE CHAQUE JOUR

L'adoption d'une bonne attitude est un projet sans fin sur lequel vous devez vous pencher jour après jour. Le monde est rempli de gens, d'événements et de circonstances qui peuvent vous fournir une excuse pour justifier une attitude moins qu'optimale. En fin de compte, rappelez-vous que vous évoluez dans une entreprise relationnelle. Les gens suivent des leaders qui ont une bonne attitude. Ils ne souscrivent pas aux idées de leaders qui adoptent une attitude médiocre ou même moyenne. Une bonne attitude en toutes circonstances est le sceau du leader remarquable et inspirant.

Maintenir une bonne attitude exige des efforts et un engagement. Vous devez être constamment conscient du besoin de demeurer positif, optimiste et confiant en l'imposante réussite que vous connaîtrez, et en ceux qui travaillent avec vous à mettre votre plan à exécution. Les leaders qui affichent une attitude supérieure passent maîtres dans l'art d'interpréter des événements, des circonstances et des faits qui déstabiliseraient ceux qui ne se sont pas engagés à développer une excellente attitude.

Sachez que tous les défis et les problèmes auxquels vous ferez face en érigeant votre dynastie dans l'univers du marketing de réseau ne vous rendront que plus fort et plus sage. Chaque fois que vous vous heurtez à une difficulté, revenez à la vision de votre réussite. Créez une image qui vous soutiendra en réalisant que ces défis sont bénéfiques, car ils contribuent à votre développement personnel, vous rendent plus fort et plus sage, et font de votre succès éventuel un événement encore plus agréable à imaginer.

RAPPELEZ-VOUS CHAQUE JOUR LES RAISONS POUR LESQUELLES VOUS FAITES CE QUE VOUS FAITES

L'une des principales raisons pour lesquelles les gens abandonnent le marketing de réseau est qu'il survient une cassure entre ce qu'ils veulent (la raison qui les a initialement poussés à s'engager) et les tâches quotidiennes qui entourent la création d'une entreprise prospère. Il est avantageux pour le maintien de votre attitude et de votre degré de croyance, ainsi que pour votre réussite future, de vous rappeler chaque jour les raisons pour lesquelles vous avez pris la décision de vous engager dans cette industrie.

Qu'est-ce qui vous motive ? Quel impact prévoyez-vous que votre entreprise réseautrice aura sur votre vie ? Quels rêves rendra-t-elle possibles ? Que cherchez-vous à accomplir ? Sur la vie de qui votre succès aura-t-il un effet positif ? Il faut avoir pris un engagement pour entretenir un lien entre ces rêves et les activités requises pour les concrétiser. C'est une habitude qui peut faire la différence entre le rêveur et l'individu dont les rêves se réalisent grâce à une action délibérée.

PRÉVOYEZ AU MOINS UNE ANNÉE D'EFFORTS CONSTANTS

La majorité des gens qui abandonnent le marketing de réseau le font parce qu'ils n'ont pas pris l'engagement de faire ce qu'il faut aussi longtemps qu'il le faut. Il n'est pas si difficile de réussir dans cette industrie si vous en avez une bonne vue d'ensemble. C'est garder la bonne attitude et tenir ses engagements en cours de route qui est plus ardu. Pour mener à terme les engagements nécessaires, il faut compter une année entière. On obtient toujours des résultats si l'on consent des efforts constants pendant une période de temps suffisamment longue. Ces efforts vous permettront d'améliorer de façon considérable votre utilisation de l'ensemble des habiletés requises dans la profession.

Cette maîtrise se traduit par de meilleurs résultats, une plus grande confiance et la création d'une dynamique dans votre entreprise. La majorité des gens qui abandonnent le font au cours de la première année, avant d'être en mesure de constater les résultats qu'entraîne le recrutement d'un bon leader dans leur organisation. Vous serez étonné par ce que peut générer une année d'engagements et d'efforts constants. Engagez-vous à vous donner le temps nécessaire pour trouver ce premier grand leader.

FIXEZ-VOUS DES PRIORITÉS DANS VOTRE EMPLOI DU TEMPS

La majorité des gens n'ont pas suffisamment de temps à consacrer à leur société réseautrice. Ils sont trop pris par leur travail et les défis de la vie quotidienne pour occuper un deuxième emploi. Les gens qui gagnent au jeu du marketing de réseau aménagent tout simplement leur emploi du temps et donnent la priorité aux activités reliées à leur entreprise. Une fois qu'ils ont pris cet engagement, ils le respectent.

Si vous vous débattez avec le manque de temps, considérez le fait que vous disposez aujourd'hui des mêmes 24 heures par jour que n'importe qui. Le succès est tributaire des priorités que vous établissez et des engagements que vous prenez envers celles-ci. Pour bien des gens, la gestion du temps est une source de frustration. Il leur semble qu'il n'y a jamais suffisamment d'heures dans une journée pour se consacrer à leur travail, leur famille, leurs amis, leurs loisirs et une nouvelle entreprise de marketing de réseau. Les réseauteurs qui réussissent savent que la solution repose sur la gestion de leurs engagements plutôt que sur la gestion du temps.

Chaque jour, dressez une liste de ce que vous voulez accomplir au cours des 24 prochaines heures. Établissez un ordre de priorités, réservez des plages horaires à votre famille, à votre travail (si vous avez encore un emploi), et à votre entreprise de marketing de réseau. Assurez-vous de réserver du temps chaque jour à vos activités de prospection et de suivi. Si vous ne gérez pas cet engagement à parler à des distributeurs éventuels et à effectuer un suivi auprès de ceux qui sont intéressés, vous serez vulnérable à toutes les distractions que la vie sèmera sur votre route. Ceux qui ne sont pas pleinement engagés à structurer leurs journées de manière à faire progresser leur entreprise finiront trop souvent par opter pour la voie de la facilité.

INSTAUREZ UN SYSTÈME DE RÉCOMPENSE POUR VOS EFFORTS

Les professionnels du marketing de réseau qui connaissent le plus de succès vous diront qu'ils respectent leurs engagements et se récompensent chaque fois qu'ils franchissent une nouvelle étape sur la voie qui mène à l'atteinte de la liberté personnelle et financière. Ces récompenses servent de reconnaissance personnelle et confirment que vous êtes sur la bonne voie pour remplir votre mission.

De temps en temps, tout le monde a besoin de récupérer et de refaire le plein d'énergie. S'épuiser sur la route du succès n'est pas amusant. Engagez-vous à prendre un moment de répit et à vous détendre pendant une brève période lorsque vous franchissez une étape qui vous rapproche de la réussite et qui vous fait progresser vers l'atteinte de vos buts à long terme.

Dressez une liste des récompenses que vous vous octroierez à chaque étape de votre cheminement. Qu'il s'agisse d'un dîner dans un restaurant spécial, d'un week-end d'évasion dans les montagnes, ou d'une croisière dans les Caraïbes, vous serez encouragé de savoir qu'une récompense agréable viendra couronner votre dur labeur et vos efforts. Cependant, veillez à ne pas tomber dans ce piège trop fréquent qui consiste à cesser les activités qui, au départ, vous ont valu cette fonction dans le régime de rémunération de l'organisation ou l'atteinte de tout autre objectif. Il est important de déterminer un bloc de temps approprié au terme duquel vous vous accorderez ces récompenses et, ensuite, de vous engager de nouveau à respecter votre plan de manière à franchir la prochaine étape de votre parcours.

DONNEZ-VOUS LA PERMISSION D'ÊTRE MÉDIOCRE AVANT D'EXCELLER

Zig Ziglar a un merveilleux dicton : « Préparez-vous à être médiocre avant d'exceller. » Dans l'univers du marketing de réseau, cela signifie ne pas attendre de tout savoir à propos de votre modèle d'entreprise ou de vos produits avant d'agir. Tout ce que vous aurez besoin d'apprendre, vous l'apprendrez sur le tas. L'expérience demeure la meilleure façon d'acquérir de nouvelles connaissances et la meilleure enseignante dans le monde du marketing de réseau. Quelle que soit la tâche à accomplir, visez l'excellence, mais ne vous obligez pas à la perfection. La perfection est particulièrement difficile à reproduire et une telle norme ne fera qu'entraver la progression de ceux pour qui elle est hors de portée.

ASSISTEZ À TOUS LES ÉVÉNEMENTS ORGANISÉS PAR VOTRE ENTREPRISE ET VOTRE LIGNÉE DE PARRAINAGE

À part quelques rares exceptions, tous les grands leaders du monde du marketing de réseau ont eu la véritable piqûre pour l'industrie lors d'un événement organisé par leur parrain ou leur organisation. La volonté de consacrer temps et efforts à la prospection ou à toute autre activité entourant la création d'une entreprise est toujours reliée au degré de confiance d'un individu. Les événements organisés par un groupe ou une lignée de parrainage servent à entretenir la confiance de ceux qui y assistent, car ils leur permettent de rencontrer des leaders prospères et d'entendre leur histoire, tout en étant une occasion d'apprendre à bâtir une grande entreprise.

L'un des avantages significatifs reliés à ces séminaires est qu'un grand nombre de ceux qui y assistent pour la première fois voient leur degré de croyance grimper en flèche. Ensuite, animés par cette conviction, ils partagent la flamme avec des clients potentiels et de nouvelles recrues. Si vous aviez l'occasion d'interviewer les meilleurs réseauteurs, vous seriez étonné d'apprendre combien d'entre eux ont vu la lumière au cours de tels événements.

L'association est un concept très puissant dans l'univers du marketing de réseau, plus particulièrement lorsque vous comprenez que votre degré d'engagement envers le besoin d'assister à des événements devient un exemple pour les membres de votre organisation. Vous ne pouvez espérer qu'ils assistent à tous les prochains événements et en fassent la promotion avec enthousiasme si vous ne le faites pas vous-même. Nous n'avons pas encore rencontré de réseauteur émérite qui n'a pas tiré parti de ces événements. Avec la prépondérance du parrainage à distance par le biais du téléphone et du réseau Internet, les événements organisationnels sont souvent une occasion pour les associés de se rencontrer, d'approfondir leurs relations et de hisser leur entreprise à un niveau supérieur. L'engagement dans ce domaine vous permettra de toucher d'énormes dividendes.

DÉVELOPPEZ UNE CLIENTÈLE FIDÈLE

Aimeriez-vous avoir 1 000 clients qui utilisent (et recommandent souvent) vos produits ? C'est aisément réalisable si vous vous engagez à trouver vous-même 10 bons clients. Vous donnerez l'exemple en vous engageant personnellement à trouver et à fidéliser 10 bons clients. Votre équipe le remarquera et vous imitera. Lorsque vous aurez recruté 100 distributeurs qui seront prêts à suivre votre exemple en trouvant eux aussi 10 bons clients chacun, vous compterez 1 000 clients dans votre organisation.

Vous vous assurerez ainsi d'une clientèle fidèle composée d'utilisateurs de vos produits qui attireront fort probablement d'autres clients, ainsi que quelques nouveaux distributeurs qui verront une occasion de générer des revenus après avoir appris à aimer vos produits et à en reconnaître les avantages. L'engagement envers la présentation de vos produits à des clients éventuels mène tout naturellement à la duplication. Le contraire est également vrai. Si vous ne recrutez pas de nouveaux clients, on vous imitera, ce qui se traduira par une diminution de l'utilisation de vos produits dans toute votre organisation.

DÉCOUVREZ QUELS SONT LES RÊVES DE CEUX QUE VOUS PARRAINEZ ET APPUYEZ-LES EN CLARIFIANT DES VISIONS PUISSANTES ET SÉDUISANTES POUR LEUR VIE, QU'ILS POURRONT CONCRÉTISER GRÂCE À VOTRE OCCASION D'AFFAIRES

Si vous voulez que vos distributeurs n'abandonnent pas la partie et progressent dans le développement de leur entreprise, engagez-vous à découvrir ce qu'ils veulent et veillez à ce que leurs efforts demeurent axés sur cette vision. En tant que leader, vous devez avant tout être un bon communicateur et découvrir quels sont les rêves des membres de votre équipe. Intéressez-vous sincèrement à leurs aspirations et intégrez-les à votre propre vision globale.

Nous avons tous une passion qui peut nous motiver à faire des choses extraordinaires. Tous vos associés sont capables de réalisations étonnantes s'ils sont adéquatement encouragés à faire ce qu'il faut pour y arriver. La source de cette motivation est l'espoir. S'ils espèrent réussir, ils demeureront très actifs et feront ce qui est nécessaire pour concrétiser leurs attentes. Des visions claires, positives et inspirantes servent à alimenter la motivation et l'action.

Richard Brooke, un visionnaire dans le domaine du marketing de réseau, nous dit que nous avons déjà tous une vision pour notre vie. Si vous regardez autour de vous, c'est cette vision qui se manifeste partout. Si vous n'aimez pas ce que vous voyez, vous avez la capacité de substituer une vision nouvelle et inspirante à celle que vous trouvez actuellement décevante. Pour remplacer cette ancienne vision par une autre qui vous motive à passer à l'action, vous devez en clarifier tous les aspects.

Cela inclut ce que vous posséderez et l'endroit où vous vivrez (et avec qui), ainsi que ce que vous ferez au cours d'une journée de travail typique ou pendant vos loisirs. Cela va également jusqu'à définir les qualités pour lesquelles vous serez connu, la personne que vous serez. Vous voudrez également préciser qui seront les gens et les organismes avec lesquels vous ferez affaire lorsque vous jouirez de la liberté personnelle et financière rendue possible par le marketing de réseau.

Lorsque nous avons mis par écrit une vision claire, que nous la lisons deux fois par jour et sommes persuadés qu'elle se concrétisera inévitablement, nous sommes motivés à poser tous les gestes nécessaires. De la même façon, si notre vision de l'avenir est négative, si nous envisageons l'échec, nous avons tendance à emprunter la voie de la facilité, à ne pas parler avec suffisamment de gens, et à ne pas le faire avec suffisamment de conviction. Après tout, étant donné que nous prévoyons échouer, pourquoi s'en soucier? Nous pouvons alors nous vanter d'avoir prédit notre échec et proclamer à qui veut bien l'entendre: «Je vous l'avais bien dit!»

Engagez-vous à croire en vos leaders et à les aider à maintenir vivant le lien qui existe entre leur vision du succès et leur travail. Rien n'arrête un être humain qui est habité d'un désir brûlant sans lequel il ne saurait vivre. Votre engagement à ranimer occasionnellement cette flamme, en sachant ce qui est émotionnellement important pour eux, les aidera à ne pas perdre de vue la vision qui les inspire et à faire ce qui n'est pas toujours commode ou aisé pour la concrétiser.

INVESTISSEZ EN VOUS-MÊME DANS LES DOMAINES DU DÉVELOPPEMENT PERSONNEL, DU LEADERSHIP ET DE L'APPARENCE (DENTITION, COIFFURE, HABILLEMENT), AINSI QUE DANS LES OUTILS DE L'INDUSTRIE

Les leaders qui réussissent dans le monde du marketing de réseau ne lésinent pas lorsqu'il s'agit de leur entreprise.

Ils investissent temps, efforts et argent pour assurer leur réussite. Si vous voulez gagner gros dans le monde du marketing de réseau, vous devez vous engager à investir en vous-même. Vous êtes le moteur de votre organisation, vous en êtes le pouls et son actif le plus précieux. Vous devez être prêt à investir dans l'édification d'un « vous » meilleur et plus efficace, à l'intérieur comme à l'extérieur. De votre apparence physique à votre attitude mentale, vous méritez un investissement de temps et d'argent.

Tous les réseauteurs ont intérêt à suivre un programme efficace de développement personnel. Ainsi, votre entreprise se développera probablement au point où vous serez en mesure d'établir des relations solides avec les membres de votre équipe, favorisant ainsi l'autonomisation. Le développement de vos habiletés d'écoute et de communication contribuera à l'établissement de telles relations. Votre entreprise grandira plus rapidement si vous faites preuve d'efficacité en guidant votre équipe vers le succès.

Prenez l'habitude d'analyser continuellement ce qui est efficace dans vos conversations, vos actions et vos partenariats d'affaires, et de repérer les éléments manquants qui, s'ils étaient mis en place, pourraient vous rendre plus efficace avec les autres et plus productif dans votre organisation. Pour vous aider dans ce domaine, Joe Rubino vous offre un programme de développement personnel autodidactique conçu pour les réseauteurs, intitulé *10 Weeks to Network Marketing Success CD or Cassette Album plus Workbook*.

Un engagement constant envers les bons principes établira les fondements d'un succès retentissant. Imaginez comment votre engagement absolu dans les domaines dont nous avons discuté influerait sur votre entreprise. Et imaginez maintenant ce degré d'engagement multiplié par 1 000. Et pourquoi pas par 10 000 ? C'est réalisable, et il n'en tient qu'à vous. Vous êtes et serez toujours un exemple en matière d'engagement dans votre entreprise. Alors, engagez-vous !

Chapitre 6

LE POUVOIR D'UN RÊVE SÉDUISANT QUI GUIDERA VOS ACTIVITÉS QUOTIDIENNES

Nous obtenons ce à quoi nous nous attendons. Si nous espérons réussir dans l'industrie du marketing de réseau, nous entreprendrons notre éducation de manière à faire preuve d'efficacité dans notre nouvelle profession. Dans cet univers, le succès repose en partie sur le hasard. Si nous nous y engageons avec des attentes irréalistes, croyant qu'il suffit de parler avec seulement quelques personnes et d'attendre ensuite qu'elles bâtissent pour nous une grande organisation, nous nous nourrissons d'illusions.

Pour chaque tranche de 100 clients potentiels, un certain pourcentage se joindra à notre entreprise si nous nous donnons comme mandat de bien la faire valoir avec nos présentations. De ce groupe, un certain pourcentage optera pour le leadership et bâtira une dynastie. Lorsque nous mesurons nos résultats et calculons notre taux de réussite, nous constatons que tout repose sur le nombre de gens à qui nous parlons afin de mettre de notre côté toutes les chances de trouver un leader.

Bien entendu, si nous prenons à cœur notre développement personnel, nous rechercherons continuellement des moyens de faire preuve de plus d'efficacité dans nos communications, de rendre notre entreprise plus attrayante aux yeux d'associés éventuels, et de mieux aider les membres de notre équipe à reproduire notre succès. Par sa nature même, le développement personnel est un long processus.

Les réseauteurs novices ont intérêt à se débarrasser de la pression qui pèse sur leurs épaules en réalisant qu'ils n'en sont qu'à leurs débuts et qu'ils finiront par acquérir les habiletés de ceux qui réussissent dans l'industrie. Cette intention de s'améliorer constamment, jumelée à l'espoir d'obtenir des résultats en parlant avec quantité de gens sur une base continue, aidera les nouveaux venus à s'engager sur la bonne voie.

Une action concertée et efficace alimente la croissance des entreprises de marketing de réseau. Mais il faut de la motivation pour maintenir le rythme. Les leaders motivés font ce qui est nécessaire pour réussir. La motivation trouve sa source dans l'espérance. Lorsque nous espérons gagner, nous effectuons les gestes requis pour concrétiser nos attentes. Ces attentes sont issues de la vision que nous avons de nous-même en train de progresser dans notre entreprise et de la façon dont nous envisageons cette nouvelle vie rendue possible par des revenus accrus. Autrement dit, tout commence par un rêve.

Le pouvoir du rêve ou d'une vision de l'avenir est l'une des clés essentielles de la réussite dans le monde du marketing de réseau et dans la vie. Les gens qui se lèvent le matin et qui sont animés du désir brûlant de concrétiser leurs rêves iront beaucoup plus loin que ceux qui se lèvent en espérant ne recevoir rien d'autre que leur chèque de paie de la semaine suivante.

Les gens accepteront de subir le stress et l'inconfort associés à ce qui est nouveau et ambitieux si une raison suffisamment forte les y pousse. Cette règle générale est amplifiée lorsque leur motivation vient du cœur, c'est-à-dire lorsqu'elle est le reflet de ces valeurs fondamentales qui ne demandent qu'à être respectées. Ne vous mettez jamais en travers de la route d'un individu qui poursuit passionnément un rêve sans lequel il ne saurait vivre. Vous vous feriez écraser !

Si vous tenez à vivre une vie remplie de passion et exempte de regrets, vous modifierez vos règles de vie en fonction du fait que vous nourrissez un rêve qui est tellement séduisant et important pour votre cœur et votre âme qu'il sera impossible de vous arrêter dans la poursuite de ce rêve. Peut-être êtes-vous incapable d'imaginer que vous pouvez changer votre vie ou qu'un rêve peut être à ce point séduisant qu'il devient impératif pour vous de le réaliser ? Cela signifie tout simplement que vous n'avez pas encore défini le but de votre vie, cette grande motivation qui nourrira votre âme, qui fera en sorte que chaque journée vaudra la peine d'être vécue et que vous l'entamerez avec enthousiasme.

Rappelez-vous que la vie des gens prendra un nouvel essor lorsque vous leur présenterez cette occasion en or. La vie d'un individu est comme une locomotive qui se déplace sur les rails avec une dynamique et un pouvoir gigantesques. Pour modifier la trajectoire d'un engin aussi puissant, il faut une raison colossale et une force titanesque. Les gens ne mobiliseront pas cette force à moins d'avoir un rêve mettant en scène un scénario différent qui soit suffisamment séduisant pour qu'ils ne puissent vivre dans lui.

Si vous arrivez à donner un but aussi attirant à vos activités quotidiennes en vous vouant à la concrétisation de votre rêve, vos efforts et les résultats que vous obtiendrez seront transformés. Si vous pouvez apprendre à aider les autres à relier leurs activités quotidiennes aux désirs de leur cœur, vous gagnerez en développant d'ardents leaders.

Le succès ne vient pas toujours facilement, peu importe les efforts que vous mettez pour concrétiser la vision que vous caressez pour votre vie et votre entreprise. Supposons que vous souhaitiez devenir un avocat et que vous avez émotionnellement et mentalement relié cette vision de la vie avec votre cœur. Qu'en serait-il si vous passiez l'examen d'admission à l'école de droit et obteniez la même note qu'un singe muni d'un stylo ? Abandonneriez-vous, même si cette vision était devenue une passion incandescente à l'intérieur de vous ? Pour que vous réussissiez, la poursuite de cette vision doit devenir le but déterminant de vos activités quotidiennes.

Si vous nourrissiez une véritable passion dans votre cœur envers la concrétisation d'un rêve, une chose apparemment insurmontable, comme un résultat désastreux à l'examen d'admission de l'école de droit, ne pourra pas vous décourager. Si vous n'envisagez de devenir avocat qu'à un niveau intellectuel, vous abandonnerez probablement. Cependant, si votre cœur abrite un désir brûlant de devenir avocat, vous étudierez, vous lirez tous les livres nécessaires, et vous vous présenterez à l'examen aussi souvent qu'il le faudra. Vous ne pouvez tout simplement pas abandonner un rêve pour lequel vous entretenez une telle passion. Vous vous heurterez à des obstacles et vous connaîtrez des déceptions. Le fait que vous butiez sur un barrage ne vous définit en rien. Par contre, la façon dont vous réagissez devant l'obstacle le fait. La façon dont vous gérez la poursuite de votre rêve établit un gabarit comportemental qui modèlera tous les autres buts que vous vous fixerez dans la vie.

Baisserez-vous les bras dès la première difficulté? Ou vous ressaisirez-vous et irez-vous de l'avant? Connectez-vous à ce rêve, quel qu'il soit, avec toutes les fibres de votre corps. La concrétisation de votre rêve est un mode de vie. Le fait de vous connecter émotionnellement à vos rêves et à vos buts est une caractéristique qui vous démarquera de la masse tout au long de votre vie adulte. L'être humain qui est animé du désir brûlant de devenir avocat comprend cela, et John Terhune a fait ce qui était nécessaire pour devenir l'un des avocats les plus prospères de la Floride.

Vous rencontrerez beaucoup de gens qui tentent d'atteindre des buts, mais qui n'ont pas lié les désirs de leur cœur aux activités qu'ils sont sur le point d'entreprendre! Ils ne possèdent tout simplement pas l'attitude mentale requise pour faire preuve d'efficacité. Pensez seulement à l'exemple du casanier qui n'est pas en forme et qui souffre d'embonpoint. Nous connaissons tous une ou plusieurs personnes qui répondent à cette description. Cet individu ne fait pas d'exercice et se soucie rarement de ce qu'il mange. Environ une fois tous les six mois, il annonce qu'il entreprend un nouveau régime, qu'il respecte généralement deux semaines ou moins.

Et puis un jour, il passe cet examen médical longtemps reporté et le médecin lui dit : « On vous hospitalise immédiatement. Vos artères sont bloquées à 80 pour cent, et vous êtes à quelques jours d'une crise cardiaque majeure. » Il est transporté au bloc opératoire sur une civière, et les chirurgiens pratiquent un quadruple pontage. Avant qu'on lui donne son congé de l'hôpital, le médecin lui dit : « Si vous voulez vivre, vous devez changer votre mode de vie immédiatement. Vous devez manger différemment, entreprendre un programme d'exercice, et commencer à faire plus attention à votre santé. »

Six mois plus tard, cet individu qui était une bombe à retardement ambulante est devenu mince et en forme. Au lieu des chandails de coton molletonné flottants qui lui servaient à dissimuler ses bourrelets, il porte maintenant d'élégants survêtements d'entraînement, car il est désormais un véritable fanatique de la forme physique, et ces vêtements sont à l'image de ce qu'il est devenu grâce à son nouveau style de vie. Il a vu la lumière. Il a fallu qu'il frôle la catastrophe et que la mort l'attende à la croisée des chemins, mais il s'est mis en forme pour la première fois de sa vie et n'a pas dévié de sa nouvelle trajectoire.

Ce face-à-face avec la mort lui a donné une raison suffisamment « séduisante » de faire une chose pour laquelle il n'avait encore jamais eu de motivation. Ce n'est pas qu'il était incapable de se mettre en forme avant l'intervention chirurgicale, mais il a compris intellectuellement que sa mauvaise condition physique constituait un risque pour sa santé. Toutefois, il n'a été émotionnellement motivé à remédier à la situation que lorsqu'il a eu une raison séduisante de le faire !

Votre volonté de faire des sacrifices et de vous investir à un niveau beaucoup plus élevé augmente de façon très considérable lorsque votre but revêt un poids émotionnel. Lorsque vous poursuivrez un but avec passion, vous obtiendrez toujours des résultats supérieurs à ceux qui auraient été les vôtres si vous n'aviez fait appel qu'à votre intellect. Si vous vous connectez émotionnellement à votre but, vous saurez puiser dans votre âme les bases de la détermination qui rendent tout accomplissement pratiquement inévitable. Vous fracasserez les obstacles tels que le découragement, le rejet, l'épuisement physique et tout inconfort provoqué par la discipline personnelle et la gratification différée. La motivation nourrie par l'émotion est la force irrépressible qui écrasera tout ce qui se dressera sur la route menant à la réussite.

Si votre but est de faire partie de l'élite des réseauteurs, plongez-vous émotionnellement dans ce projet. Vous devrez exploiter le pouvoir de votre cœur et le mettre à votre service pour mener la tâche à bien. Lorsque vous serez déterminé à atteindre vos objectifs, les défis à relever vous importeront peu et vous puiserez dans un extraordinaire pouvoir intérieur que vous ne soupçonniez peut-être même pas. C'est votre habileté à laisser parler votre cœur qui fera toute la différence.

Voici quelques conséquences bien concrètes pour celui qui nourrit un rêve séduisant :

- Votre seuil de tolérance vis-à-vis des revers temporaires augmentera de façon importante si vous êtes propulsé par un rêve que vous chérissez sincèrement.

- Vous enverrez un message invisible aux gens à qui vous présentez votre occasion d'affaires et vous leur ferez comprendre que vous avez un but dans la vie. L'énergie que vous dégagez proclamera : « Je suis sur la voie du succès et si vous vous joignez à moi, vous pourrez réussir vous aussi ! » Les gens aiment faire partie d'une équipe gagnante. Si vous parlez de votre occasion d'affaires sans la passion qui transparaît tout naturellement lorsqu'on poursuit un rêve, les gens ne seront pas conscients de la fièvre qui habite invariablement l'individu qui est ainsi inspiré.
- Le fait d'avoir un rêve vous fera tout naturellement investir dans votre entreprise, dans votre développement personnel et en vous-même.

Vous voudrez investir dans l'une ou l'autre des six catégories suivantes :

1. Des livres, programmes audio et cours de développement et d'accompagnement personnels ;
2. Une tenue vestimentaire qui dégage une aura de réussite ;
3. Des soins dentaires fonctionnels et esthétiques ;
4. L'amélioration de votre apparence physique générale ;
5. Des outils pour assurer la croissance de votre entreprise ;
6. Un budget pour vos déplacements.

Trouvez ce qui vous motive et ce qui a un lien avec votre rêve. Visitez cette maison au bord de l'océan et faites un essai sur route au volant de cette BMW 750 Li. Le fait de donner un caractère réel à votre vision de l'avenir et à tout ce qu'elle englobe rallumera la flamme en vous et vous insufflera l'énergie nécessaire pour accomplir vos activités quotidiennes. Apprenez à connaître ce qui est important pour vos leaders. Écoutez-les et découvrez quels sont leurs rêves et leurs aspirations. Engagez-vous émotionnellement et aidez les membres de votre équipe à concrétiser leurs rêves. Donnez-leur une documentation appropriée qui leur permettra de garder ces rêves bien vivants.

Si vous faites suffisamment d'efforts pour aider les autres à obtenir ce qu'ils veulent dans la vie, vous obtiendrez vous-même ce que vous souhaitez. C'est là le véritable pouvoir du marketing de réseau. Vous aurez rarement l'occasion de créer ces mêmes liens de qualité qui découlent d'un investissement d'efforts et d'énergie dans la poursuite passionnée et la concrétisation des rêves d'autrui.

Lorsque vous présentez votre occasion d'affaires à des candidats potentiels, le secret pour éveiller leur motivation et réussir à les recruter consiste à établir un lien entre leurs désirs et l'occasion que vous offrez, et à la présenter comme un véhicule qui leur permettra de concrétiser leurs rêves. Parlez avec votre cœur de manière à toucher le leur, et constatez ce qu'un lien émotionnel peut accomplir pour lancer les gens dans la poursuite passionnée de leurs rêves.

Chapitre 7

LANCEZ VOTRE ENTREPRISE SUR LA BASE D'ATTENTES POSITIVES

Comme vous l'apprendrez dans ce chapitre, les outils qui permettent à un individu d'optimiser son potentiel se résument rarement à un unique talent ou à une seule habileté. La plupart du temps, ces outils ont trait à son mode de pensée. Comme nous l'ont dit tant de sages philosophes au fil des ans: « Nous sommes ce que nous pensons ». Si vous avez douté de cet énoncé ne serait-ce qu'un instant, ce chapitre devrait vous faire changer d'avis à tout jamais.

Pour réussir dans l'industrie du marketing de réseau, vous devez avoir une attitude qui reflète une attente positive en ce qui a trait à votre réussite, quoi qu'il arrive, et non pas uniquement un espoir ou un désir mal défini. Vous devez savoir au plus profond de votre cœur, et avoir la certitude la plus absolue que vous ferez bientôt partie de l'élite. Il ne doit y avoir aucun doute dans votre esprit, car un tel doute se transformerait en une quelconque lacune qui tiendrait à distance d'éventuels associés et saboterait votre réussite d'innombrables façons insidieuses.

Pour bien comprendre à quel point il est vital de greffer cette attitude d'attente positive à votre quête du succès dans l'univers du marketing de réseau, penchons-nous brièvement sur la façon dont l'état d'esprit influe sur le comportement qui doit accompagner la réalisation de toute grande ambition. Considérez l'image mentale suivante et utilisez-la pour vous rappeler qu'il est important de toujours bien rassembler vos pensées. Avez-vous déjà vu un maître des arts martiaux fracasser plusieurs briques, des blocs de ciment, des planches de bois ou des blocs de glace d'un seul coup du tranchant de la main ? Un coup unique, et une fissure bien nette se dessine le long d'une dizaine de blocs de glace empilés les uns sur les autres. C'est un spectacle très impressionnant.

Ces maîtres des arts martiaux vous diront que cet exploit n'est possible que lorsqu'il est appuyé par une attitude mentale appropriée. Ils doivent croire, dans leur cœur et dans leur esprit, qu'ils arriveront à fracasser les blocs bien avant d'assener leur coup. Ils effectuent un transfert entre cette croyance et le geste qu'ils font. Sans ce transfert à l'état pur, ils seraient absolument incapables d'accomplir un tel exploit. La timidité, la peur ou une absence totale de conviction se traduira par une force moindre. L'état d'esprit adéquat doit précéder le geste et devenir la base de la manifestation physique de l'acte.

L'attitude est un état d'esprit qui reflète les sentiments du cœur. Lorsque les émotions sont intenses, elles peuvent se traduire en gestes qui ont le pouvoir de modeler et de définir la réalité. Lorsque les gestes ne reposent pas sur les fondements de l'attente positive, les résultats qu'ils génèrent sont comparables à un coup de dés, c'est-à-dire qu'ils sont imprévisibles et qu'on ne peut s'y fier. Sans des gestes fondés sur la conviction et le type d'engagements qui donnent toujours lieu aux meilleurs résultats avec le temps, nous sommes obligés de tout simplement espérer que nos désirs se réaliseront. Ce qui manque alors, c'est la force colossale qui transforme les attentes positives en manifestations.

L'attente positive est le reflet d'une croyance que vous entretenez dans votre cœur et qui est ensuite transmise à votre cerveau. La conviction qu'un certain résultat est inévitable devient le fondement de votre comportement. Les victoires n'arrivent pas toutes seules. Elles sont la manifestation d'une attente combinée à une grande quantité d'efforts, éliminant ainsi toute possibilité d'échec et se traduisant par la réussite.

Tout commence par l'attente positive parce que cette anticipation du succès influe sur notre comportement et se traduit ensuite par la manifestation d'une prophétie qui s'accomplit. L'attente positive précède l'activité soutenue, orientée et efficace qui vous démarquera de la masse dans l'univers du marketing de réseau et dans la vie.

Maintenant que vous savez que vous devez aborder votre désir de connaître un mégasuccès dans votre projet entrepreneurial avec un état d'esprit débordant de conviction et qui reflète une attente véritablement positive en ce qui a trait à votre réussite, examinons la dynamique sous-jacente qui est requise pour faire naître cette attente positive en vous. Commençons par analyser ce qui doit être présent dans votre vie pour entretenir un espoir raisonnable de faire fortune grâce au marketing de réseau. Le facteur le plus important est incontestablement une image de soi positive.

Je ne parle pas d'arrogance, de fausse fierté ou de fumisterie à propos de ce que vous êtes et du but que vous vous proposez d'atteindre. Je ne parle pas d'égocentrisme. Non, je parle plutôt d'une image personnelle élevée qui se traduit par un sentiment intérieur à propos de ce que vous êtes, un profond respect de soi qui vous donne confiance et alimente la conviction que vous pouvez mener à bien tout ce que vous entreprenez si vous le désirez avec l'ardeur nécessaire.

C'est savoir au fond de votre cœur que lorsque vous décidez de faire quelque chose, rien ne vous arrêtera. C'est également être fier de ce que vous êtes en vous basant sur la somme de vos interactions avec les autres, sur l'autodiscipline dont vous faites preuve et qui vous distingue de l'individu moyen, sur votre persévérance, votre degré d'intégrité, l'attention que vous prêtez aux autres, et le fait que vous êtes globalement un être extraordinaire à cause du cheminement de vie que vous avez choisi. Une haute estime de soi se traduit par un respect authentique pour la personne que vous avez décidé d'être.

Plus votre image de soi sera élevée, plus grande sera la probabilité que vous aborderez votre société réseautrice avec une attitude qui proclame: «Je vais gagner.» Plus cette voix intérieure sera forte et convaincante en faisant cet énoncé, plus vos gestes refléteront cette attente positive, et plus les autres seront galvanisés par votre énergie. La présence ou l'absence d'une attente positive véritable en ce qui a trait à votre réussite dans le monde du marketing de réseau aura également des conséquences prévisibles dans votre vie.

Prenons un instant pour examiner ce qui arrivera si vous ne faites pas ce qui est nécessaire pour réussir en étant animé par la conviction de gagner. Tout ce qui mène à de grands résultats exige de grands efforts. Réussir dans l'univers du marketing de réseau n'est jamais facile et exempt de défis. L'obtention de résultats hors du commun exigera beaucoup d'efforts de votre part. Il y aura des moments où votre dur labeur semblera ne donner aucun résultat immédiat.

Si vous n'êtes pas convaincu que vous finirez par gagner gros en suivant votre plan d'action, l'épuisement ne tardera probablement pas à s'installer. Par contre, lorsque nous savons que nous allons gagner, nous faisons preuve d'endurance, résistons à la fatigue et sommes habités par la conviction que nos efforts soutenus porteront bientôt leurs fruits. La victoire commence toujours dans notre tête !

Le fait de ne pas s'attaquer à la tâche dans l'expectative d'une victoire fera naître un sentiment de frustration par rapport au processus. Étant donné que le marketing de réseau a toujours trait à des interactions avec autrui, cela peut être parfois très frustrant. La façon dont vous interagissez avec les autres et la patience dont vous faites preuve avec eux influeront grandement sur le degré auquel vous estimerez que vos efforts en valent la peine.

Si vous vous attendez à réussir et que vous avez décidé de faire tout ce qu'il faut en ce sens, alors les frustrations temporaires deviendront beaucoup plus faciles à gérer. Si vous ne vous attendez pas à une victoire inévitable, vous vous trouverez de bonnes raisons d'abandonner dès le premier obstacle. Vous justifierez votre échec en pointant tout le monde du doigt, tout le monde sauf vous. La justification et le blâme surgissent aisément lorsque la certitude de réussir fait défaut.

Sans une attente positive adéquate, il sera pratiquement impossible d'attirer des gens extraordinaires dans votre organisation. Les sphères dans lesquelles vous évoluez dans cet univers dépendent entièrement des membres de votre équipe. La création d'une société réseautrice est identique au déroulement d'un événement sportif. Vous pouvez avoir établi le meilleur plan de match du monde. Cependant, vous ne gagnerez pas si les meilleurs joueurs ne sont pas sur le terrain.

Si vous agissez de manière à donner beaucoup de confiance aux autres, ils verront en vous le type de leader qu'il vaut la peine de suivre. Ils auront besoin de voir que vous réussissez, de manière à comprendre que, s'ils se joignent à vous, ils pourront eux aussi connaître le même succès. Les gens qui réussissent aiment gagner et ils aiment s'associer avec des gens qui sont engagés sur la voie du succès. La seule façon d'irradier cette auréole de victoire est de croire du fond du cœur que le succès est garanti.

Dans l'univers du marketing de réseau, les leaders possèdent une attente positive en ce qui a trait à leur réussite future, ce qui incite les autres à faire des gestes qu'ils n'auraient pas accomplis de leur propre chef. Une grande partie de votre réussite dépendra de votre habileté à toucher le cœur et l'âme des autres grâce à l'exemple que vous donnez. Si votre attitude ne proclame pas que vous avez la certitude de gagner, vous n'arriverez pas à inspirer les autres et à les pousser à réaliser pleinement leur potentiel. Cette inspiration peut faire toute la différence entre le recrutement d'associés qui espèrent passionnément concrétiser leurs rêves et l'indifférence de ceux qui laisseront passer cette occasion parce qu'ils n'y voient rien d'exaltant.

De grandes choses découleront de l'attente positive que vous entretiendrez parce qu'elle aura un impact sur vos habitudes quotidiennes. Le fait de croire en votre réussite fera en sorte que vous verrez un événement positif, et non la manifestation du destin, dans l'adversité et l'échec. Vous serez en mesure d'agir, propulsé par les émanations de la foi et non par le carburant des résultats. Vous attirerez constamment des gens extraordinaires dans votre organisation parce qu'ils sentiront votre détermination et votre engagement, et qu'ils voudront faire partie de votre équipe gagnante. Lorsque votre énergie trouve sa source dans une attente positive de réussite, elle attire les autres comme un aimant.

La NASA nous a enseigné une grande leçon au sujet de l'attente positive pendant la course à la conquête de l'espace des années 1960. Le président Kennedy avait compris que les États-Unis étaient en train de perdre cette course et ce qui deviendrait en fin de compte un sprint vers la suprématie technologique mondiale. Dans un discours à la nation, il a audacieusement annoncé que les États-Unis enverraient un homme sur la Lune avant la fin de la décennie. Maintenant, pour bien comprendre la portée de cet énoncé, on doit savoir que la technologie requise pour se rendre sur la Lune n'existait pas encore.

Heureusement, la NASA n'a pas fixé ses attentes en fonction de ce qui était possible à ce moment-là. Elle a décidé qu'elle se poserait sur la Lune. Elle a nourri l'attente positive d'envoyer un homme sur la Lune avant la fin de la décennie. Elle a prouvé que lorsqu'un but est suffisamment séduisant et que l'on est gouverné par une attitude fondée sur une attente positive, rien n'est impossible. Le fait que la technologie n'existait pas au moment de prendre cette décision d'aller de l'avant n'avait rien à voir avec les efforts et le cœur que les dirigeants de la NASA ont mis dans ce projet. Ils savaient qu'ils développeraient la technologie nécessaire en cours de route à condition d'être persuadés d'y arriver.

Cette croyance est à l'origine de l'activité qui s'est soldée par une incroyable victoire pour l'humanité. Leur croyance aurait-elle été chancelante et non axée sur la victoire que cet accomplissement n'aurait jamais été possible. La même dynamique est vraie pour nous, les réseauteurs qui sommes à la poursuite de nos rêves.

Alors qu'arrive-t-il si vous n'entretenez pas actuellement le type d'image de soi qui vous permet de savoir au fond de votre cœur que vous allez réussir dans l'univers du marketing de réseau ? Que pouvez-vous faire pour faire naître cette attitude en vous ? Voici une courte liste de ce que vous pourriez entreprendre dès aujourd'hui pour développer une attente véritable et sincère en ce qui a trait à votre réussite.

Premièrement, décidez de laisser le passé derrière vous et refusez de vous laisser freiner par les embûches lorsque vous tentez d'atteindre vos buts. Vous avez le pouvoir de décider que votre avenir ne sera pas à l'image de votre passé. Construisez votre image de soi un jour à la fois. L'image de soi est un portrait cumulatif que nous dressons de nous-même alors que nous réagissons devant les défis posés par la vie. Aujourd'hui, vous avez le choix des gestes que vous faites et de la façon dont vous traversez la vie. Décidez dès maintenant de faire des choix dont vous serez fier, des choix qui seront à la hauteur de ce que vous déclarez être. Cette déclaration est un exercice basé sur le courage.

Commencez dès maintenant à inventer la personne que vous serez. Le passage entre ce que vous étiez et ce que vous êtes maintenant n'exige que d'être conscient, en tout temps, de votre habileté à choisir. Une fois que vous comprenez que vous pouvez choisir vos actes minute après minute, vous assumez alors tout simplement la responsabilité de prendre des décisions qui seront à la hauteur de la personne que vous avez décidé d'être. Cela influera sur tous les aspects de votre vie, allant de vos relations personnelles à votre éthique du travail, selon le degré d'autodiscipline dont vous faites preuve chaque jour.

En renforçant votre volonté de respecter vos engagements au lieu de céder à la facilité, vous vous sentirez de mieux en mieux vis-à-vis de vous-même. Plus vous vous ferez confiance lorsqu'il s'agit d'adopter un comportement qui fait honneur à vos valeurs, plus vous sentirez que vous méritez de gagner, et plus il vous sera facile d'agir en fonction de ces attentes en faisant ce qu'il faut pour être victorieux.

Vos plus grands progrès résulteront d'un travail assidu visant à modeler votre attitude. Celle-ci est le produit des choix que vous faites. Prenez l'habitude d'évaluer votre attitude chaque jour (sur une échelle de 1 pour médiocre, à 10 pour excellente). Cette évaluation quotidienne vous permettra d'axer vos efforts sur l'amélioration de votre attitude, et cette intention aura une incidence positive sur les résultats que vous obtiendrez.

Lisez les ouvrages que des gens qui ont réussi ont écrits. Vous constaterez rapidement que les gagnants s'attendent à gagner. Leur état d'esprit leur dicte l'ampleur et la durée de l'effort physique qu'ils doivent fournir. Tant chez les athlètes que chez les politiciens et les dirigeants d'entreprises, une attente positive de la victoire est un processus de pensée fondamental commun à tous ceux qui composent l'élite.

Sachez que votre succès se trouve à l'issue d'un processus au cours duquel vous connaîtrez des hauts et des bas. Tous ceux qui ont brillamment réussi dans la vie et, bien entendu, dans l'industrie du marketing de réseau, ont connu un parcours parsemé d'embûches et de défis sur la route qui les a menés à la victoire. Le succès est un processus. En épousant ce processus et tous les défis qui l'accompagnent, vous en sortirez plus aisément victorieux.

Une excellente règle à intégrer à votre cheminement vers le succès dans le monde du marketing de réseau consiste à comprendre que les gens dépendent des attentes que vous avez à leur égard. La même dynamique s'installe également à l'intérieur de chacun de nous. Vous vivrez en fonction des attentes que vous avez envers vous-même. Prenez la décision de foncer sans vous arrêter. Attendez-vous à l'excellence et à de grandes victoires, et observez-les se manifester sous vos propres yeux!

DEUXIÈME PARTIE

Maîtrisez les habiletés cruciales

Chapitre 8

LA CRÉATION DE LEADERS

Les revenus que nous générons dans l'industrie du marketing de réseau dépendent du nombre de leaders que nous réussissons à recruter et à former. « Le leadership est-il une qualité innée ou acquise ? » La réponse à cette éternelle question est : « Les deux ». Un petit pourcentage d'enfants grandit dans des familles attentionnées qui valorisent l'estime de soi, et en raison d'une osmose entre la génétique et l'environnement, ils deviennent des leaders charismatiques et efficaces. Malheureusement, ce n'est pas le lot de la majorité des gens.

Alors qu'en est-il de tous les autres, de nous ? Il est toutefois réconfortant de savoir que l'individu qui décide de se déclarer leader peut se mettre au travail à la minute même où il fait cette déclaration, agissant en fonction de cette décision de diriger et de faire tout ce que font les leaders (avoir une vision de l'avenir articulée et séduisante, inspirer les autres à adopter cette vision, et prendre les mesures nécessaires pour la concrétiser).

Voici une question de pure forme à laquelle vous pourrez réfléchir. Cela pourrait bien être la question la plus importante sur laquelle vous pencher en ce qui a trait à votre société réseautrice, car elle déterminera votre mission et dictera vos activités. Dans quel domaine évoluez-vous ? La réponse à cette question pourra vous sembler terriblement évidente, mais voici une anecdote qui vous fera réfléchir une minute ou deux et qui vous donnera un choc, comme si on venait de vous verser un seau d'eau glacée sur la tête.

Cette anecdote illustre à quel point il est important d'avoir la bonne réponse à cette question. Le regretté Peter Drucker était reconnu comme le plus grand conseiller en gestion du monde entier. Il a pensé, écrit et a été payé grassement pour aider des compagnies à donner du mordant à leur modèle d'entreprise. Un jour, une entreprise appelée Service Master a fait appel à ses services à titre de consultant. Vous savez peut-être que Service Master est une entreprise qui offre aux gens la possibilité de posséder une franchise. Ces franchisés doivent développer leur clientèle en offrant un excellent produit ou service à des propriétaires résidentiels. Ils dirigent, par exemple, une entreprise de pesticides ou d'entretien ménager.

Service Master a de nombreuses caractéristiques, mais à la base, si vous naviguez sous cette bannière, vous êtes automatiquement reconnu comme quelqu'un qui offrira un produit de très grande qualité aux propriétaires résidentiels des États-Unis. Peter Drucker a donc posé cette question aux dirigeants de l'entreprise : « Dans quel domaine évoluez-vous ? » Maintenant, si vous connaissez un tant soit peu Service Master, la réponse vous semblera évidente. La majorité d'entre vous dira que l'entreprise offre un excellent service aux propriétaires résidentiels aux États-Unis.

En fait, après deux journées de consultation, Peter Drucker a déclaré que ce n'était pas dans ce secteur qu'évoluait Service Master. L'entreprise se vouait plutôt à trouver, recruter et former des gens très compétents, capables d'offrir ensuite des produits et des services de façon autonome. Il est apparu que les produits et services pour lesquels l'entreprise Service Master est reconnue sont en fait des sous-produits du secteur dans lequel elle évolue. Car la mission de l'entreprise est réellement de trouver, de recruter et de former des gens très compétents.

Comme Service Master, vous avez une mission qui consiste à trouver, à recruter et à former de grands leaders ! L'une des raisons pour lesquelles de nombreuses entreprises de marketing de réseau n'ont pas connu une croissance phénoménale, c'est que trop de gens pensent qu'ils peuvent emprunter la voie de la facilité. Comprenez ceci une fois pour toutes. La facilité n'est pas une option lorsqu'il s'agit d'ériger une entreprise de marketing de réseau. Pour la majorité des gens, réussir sans effort dans ce domaine est contraire aux lois indiscutables de l'univers.

Il est insensé de penser qu'il devrait être facile de gagner beaucoup d'argent. Le marketing de réseau est simple, mais il n'est pas facile. Si c'était un jeu d'enfant que d'ériger une entreprise multimillionnaire, tout le monde l'aurait déjà fait et il ne resterait plus d'occasions extraordinaires à saisir pour ceux qui n'évoluent pas encore dans cette industrie. Les gens qui se sont laissé duper par la promesse de la création automatique de systèmes sûrs n'exigeant qu'un minimum d'efforts et permettant de faire fortune rapidement ont vitre compris quelle était la dure réalité.

Le marketing de réseau n'est pas facile parce qu'il a trait à l'interaction avec les gens. Chaque fois que vous ferez affaire avec quelqu'un, vous devrez relever des défis. L'âme du marketing de réseau se trouve dans les relations entre les gens qui constituent l'essence même de l'organisation. Même si vous attirez un distributeur éventuel grâce au réseau Internet, vous devrez quand même établir une relation avec lui au téléphone ou en personne. Ceux qui feront fortune grâce au marketing de réseau, aujourd'hui et plus tard, sont ceux qui sont prêts à construire une communauté et à instaurer le leadership au sein de leur organisation. Cela n'est pas une tâche facile. Cependant, où se situe la facilité dans le fait d'aller travailler chaque jour pendant 30 ou 40 ans ?

Notre société, dans laquelle sont rois le four micro-ondes et la mentalité de la fortune instantanée, cherche la voie du moindre effort. Dans la vie et dans le monde des affaires, la facilité ne va pas habituellement de pair avec le succès à long terme. Où que vous alliez, vous devrez payer le prix du succès. C'est la loi de la nature. Si vous ne payez pas ce prix et ne créez pas de leadership, il est impossible que votre organisation vive des décennies ou plus. Les gens qui affirment que le marketing de réseau est un projet entrepreneurial qui permet de s'enrichir rapidement sans en payer le prix donnent une mauvaise réputation à la profession.

À cause de ce battage publicitaire mensonger, des gens s'engagent dans l'industrie mais perdent vite leurs illusions lorsqu'ils comprennent que le marketing de réseau est une vocation qui exige la maîtrise d'un ensemble d'habiletés cruciales et l'établissement d'un système de duplication efficace (pour la description d'un tel système, voir *7 étapes pour bâtir une organisation millionnaire en marketing de réseau* de Joe

Rubino), si l'on veut générer les importants revenus auxquels la majorité des gens aspirent. Votre détermination dictera votre mission et les gestes que vous devrez faire pour l'accomplir.

La philosophie suivante peut vous aider à connaître une réussite incroyable dans l'industrie du marketing de réseau. Si vous voulez ériger une entreprise viable à long terme, qui vous permettra d'avoir le style de vie que vous recherchez, vous ne réussirez jamais si vous ne bâtissez pas une base de leadership qui générera d'autres leaders motivés et autonomes qui, à leur tour, formeront davantage de leaders motivés et autonomes au sein de votre organisation. Si vous omettez de le faire, vous serez constamment obligé de remplacer les membres de votre équipe. Vous dirigerez un service de gardiennage qui drainera votre énergie et vous aigrira quant à la possibilité pour votre entreprise de connaître un succès retentissant.

Si jamais vous rencontrez quelqu'un qui a abandonné le marketing de réseau à cause du surmenage, sachez que c'est parce que cette personne n'a jamais pris le temps de comprendre l'énorme différence qu'il y a entre faire quelque chose pour quelqu'un d'autre et leur donner les outils nécessaires pour diriger et créer des leaders au sein de leur organisation.

La création de leaders n'est pas une tâche facile ; cela exige du temps, mais c'est aussi le projet le plus valorisant que nous puissions entreprendre pour ériger notre dynastie. Il faut pour cela être efficace dans nos relations avec les gens. On n'y arrive pas du jour au lendemain. C'est un processus qui demande que l'on sorte de notre zone de confort et que l'on prenne des risques en faisant ce que font les leaders. La création de leaders exige que vous investissiez à long terme du temps et des efforts dans la formation de ces individus. Le leadership nécessite un engagement de soi dans le processus qui conduit à guider les autres dans l'optimisation de leur potentiel.

Bien que créer des leaders et travailler avec les gens ne soit pas toujours facile, cela peut être extrêmement valorisant. Il y a peu de moments dans la vie qui vous donneront plus de satisfaction que celui où vous verrez quelqu'un en qui vous avez investi remporter des victoires et accéder à la liberté financière. Si vous souhaitez ériger une grande organisation et faire vôtre la liberté personnelle et financière grâce au marketing de réseau, soyez prêt à vous engager dans un programme de développement personnel qui vous aidera à grandir de manière à mieux aider les autres à maîtriser l'art du leadership et à reprendre ensuite le flambeau.

Bien que le concept soit simple, beaucoup de gens tombent dans le piège et ne prennent pas le temps de former des leaders. Dans ce chapitre, vous apprendrez comment accélérer ce processus de création en fournissant aux gens les outils qui leur permettront de devenir des leaders. Ainsi, vous ne serez pas le seul à assurer un rôle de leadership dans votre organisation. Vous devez comprendre ce qui distingue le fait de pousser vous-même le proverbial chariot et le fait d'avoir à votre disposition une équipe de leaders qui vous aident à le faire avancer vers une victoire collective.

Examinons la création d'une entreprise de marketing de réseau extrêmement florissante au moyen de la métaphore suivante. Réussir à toucher le type de revenu résiduel à long terme qui n'exigera pas plus d'efforts de votre part pour le maintenir que vous n'en avez fournis pour le générer est analogue au fait de gravir une colline abrupte en tirant une lourde charrette, comme on en utilise pour transporter du foin. Gravez cette image dans votre esprit. Lorsque vous réussissez à atteindre le sommet de la colline, vous faites sonner la cloche, et la liberté personnelle et financière devient vôtre.

Imaginez que chaque fois que vous recrutez quelqu'un, cette personne monte dans la charrette que vous devez mener au sommet de la colline si vous voulez tirer le maximum de l'occasion qui vous est offerte. Si vous vous contentez de parrainer cet individu en le laissant monter à bord sans qu'il vous aide à tirer, il viendra un moment où la charrette sera trop lourde. Dans un tel scénario, vous pourriez alors décider que la création d'une entreprise exige trop de travail et n'en vaut pas la peine, car la charrette s'alourdit chaque fois qu'une nouvelle recrue se joint à votre organisation.

Et si vous pouviez élaborer un processus dans lequel vos nouvelles recrues montent à bord de la charrette au début, mais en descendent éventuellement pour vous aider à la tirer jusqu'au sommet de la colline? C'est ce que vous recherchez – des gens qui descendent de la charrette et qui participent à l'effort collectif en assumant un rôle de leadership.

La seule façon de rendre cela possible dans votre organisation consiste à faire comprendre dès le début à vos recrues que les jours pendant lesquels ils bénéficieront d'une promenade gratuite sont comptés. Si vous ne retenez qu'une chose après la lecture de ce livre, alors suivez ce conseil et mettez-le en pratique dans votre entreprise. Vous êtes peut-être l'une de ces personnes qui font tout (prospection, suivi, formation, accompagnement, etc.) à la place de ceux qui sont incapables ou refusent d'accomplir ces tâches. Bien que cela puisse être efficace au début, cela devient complètement irréaliste à long terme, à mesure que grandit votre organisation.

Chaque fois que vous accomplissez pour un individu une tâche qu'il pourrait apprendre à accomplir lui-même, vous le privez de la chance d'acquérir les habiletés dont il a besoin pour réussir. Vous estimez peut-être qu'il ne peut présenter votre plan aussi bien que vous, qu'il n'assure pas un suivi aussi bien que vous, qu'il ne peut faire du recrutement aussi bien que vous, etc. Lorsque vous avez une telle opinion de vos associés, le ressentiment s'installe rapidement, de part et d'autre. Plus vite vous comprendrez que vous leur enlevez ainsi toute possibilité d'assumer un jour un rôle de leadership et de devenir autonomes, plus grande sera votre réussite. Lorsque vous comprendrez cela, vous saurez véritablement quel est votre rôle dans l'entreprise.

Votre rôle est de trouver et de former de grands leaders, des gens qui seront enthousiastes, et non craintifs à l'idée de se saisir des rênes du leadership avant de les passer à d'autres leaders qu'ils formeront à leur tour. Ceci pourrait bien influer sur la façon dont vous présentez votre occasion d'affaires à des associés éventuels, et il est incontestable que cela influera sur leurs attentes.

Le message que vous transmettez actuellement ressemble peut-être à ceci : « Engagez-vous, je ferai tout à votre place. Vous utiliserez les produits, mais je vous aiderai à faire des appels et à présenter notre plan d'affaires. Cela ne vous demandera aucun effort. » Vous craignez peut-être qu'ils refusent votre offre si vous ne vous engagez pas à faire tout le travail à leur place. Mais maintenant, la lumière commence peut-être à se faire dans votre esprit.

Il ne s'agit pas de les faire monter dans la charrette et de tirer cette dernière jusqu'au sommet de la colline ; il s'agit de les laisser s'asseoir dans la charrette et de leur faire comprendre qu'ils devront bientôt apprendre à vous aider à lui faire gravir la colline. Autrement dit, amorcez une transition dans votre esprit : passez de l'intention de recruter des gens afin d'assurer votre réussite à celle de les aider à bâtir leur propre entreprise.

Outillez vos leaders afin qu'ils développent les habiletés et la confiance qui leur permettront de diriger et de faire prospérer leur propre entreprise, la rendant ainsi attrayante aux yeux des autres. Au lieu de tenter d'être la locomotive qui tire le train de votre réussite jusqu'à la terre promise, décidez plutôt d'être seulement un cylindre de cette machine.

Voici une leçon cruciale : *Votre entreprise de marketing de réseau connaîtra beaucoup plus de succès si vous prenez le temps de former 10 leaders que si vous vous contentez d'attirer 1 000 distributeurs.*

En créant des leaders, vous serez également en mesure de jouir de la vie sans avoir à demeurer attaché à votre téléphone 20 heures par jour, 6 jours par semaine. Les 1 000 distributeurs qui ne songent pas sérieusement à assumer un rôle de leadership vous épuiseront si vous n'avez pas 10 leaders bien établis qui sauront les épauler. Ceux qui refusent d'investir dans leur développement personnel et de faire ce que font les leaders sont la cause de l'épuisement professionnel chez les gens qui ont une éthique du travail leur permettant de bâtir une grande organisation, mais qui tentent de le faire grâce à leur seul charisme et à leurs seuls efforts.

Il y a un temps pour former et épauler vos nouveaux associés en effectuant des réunions à trois et en parrainant des entrevues avec eux. Et il vient également pour eux le moment de quitter le nid et de procéder aux mêmes exercices avec leurs nouveaux associés. Constituer un groupe de distributeurs est une chose, et créer un groupe de leaders en est une autre.

Examinons maintenant les types de changements auxquels vous pourrez vous attendre lorsque vous déciderez de créer des leaders.

- Vous concentrerez la majeure partie de vos efforts en ciblant des gens que vous estimez capables d'assumer un rôle de leadership. Vous rechercherez avant tout ceux qui ont déjà réussi dans d'autres domaines. Vous serez en quête de gens qui sont charismatiques et bons communicateurs. Attardez-vous à ceux qui savent comment payer le prix du succès, et qui comprennent les principes de la réussite, c'est-à-dire le sacrifice, l'autodiscipline et la gratification différée.
    - Cela ne signifie pas qu'un individu est incapable de se réinventer et de se déclarer leader sans pouvoir étayer une telle déclaration. Nous mettrons toujours les gens au défi de franchir la

prochaine étape du processus de développement et nous travaillerons de concert avec ceux qui démontrent une volonté d'être encadrés et de faire les exercices nécessaires pour réussir dans notre industrie.

- ❑ De plus, cela ne justifie pas que vous jugiez les gens à l'avance. C'est parfois ceux que l'on imagine les moins aptes à réussir dans l'industrie qui nous surprennent tous et qui arrivent à bâtir une imposante dynastie du marketing de réseau. Faites de la prospection chaque fois que l'occasion se présente, mais consacrez surtout vos efforts à la recherche de gens qui possèdent les qualités que vous valorisez chez ceux avec qui vous souhaitez développer un partenariat. Mettez tout le monde au défi de franchir la prochaine étape alors que vous les encadrez dans le processus qui mène à la réussite. Travaillez avec ceux qui font des efforts et laissez la porte ouverte à ceux qui ne sont pas encore prêts, mais sans toutefois nourrir trop d'espoir.

- ■ Faites comprendre à chaque nouvelle recrue qu'il y aura un intervalle que vous appellerez « période de formation ». Cette étape d'initiation s'étale généralement sur deux à six semaines. Mettez vos nouveaux associés au défi de prendre de plus en plus de responsabilités pendant cette période. C'est le moment de les former, de les encadrer et de les encourager de manière à ce qu'ils puissent faire la transition entre un statut d'élève à celui de leader en devenir et, finalement, de leader à part entière.

- Dites-leur que vous leur offrirez une formation efficace et reproductible (*7 étapes pour bâtir une organisation millionnaire en marketing de réseau*) qui leur permettra d'ériger leur propre entreprise et d'en assurer la croissance, avec ou sans votre soutien. Veillez à ce qu'ils sachent que vous leur êtes beaucoup plus utile en leur fournissant les outils nécessaires à la gestion de leur propre entreprise qu'en la dirigeant pour eux. Ainsi, vous créez un modèle pour leur organisation qui leur permettra d'accéder à l'indépendance de diverses manières. Ce modèle prendra par la suite toute son importance, car il leur servira à doter leur organisation de leaders qu'ils n'auront pas à materner.

  Si vous faites tout à leur place, leur avenir et leur succès éventuel seront entre vos mains, et non les leurs. Il n'est que juste qu'ils soient les capitaines de leur propre destin. Vous leur enseignerez à piloter et à diriger le navire, et vous serez toujours là pour les aider tout au long de leur voyage. Cependant, il viendra un temps où vous vous attendrez à ce qu'ils deviennent des leaders entièrement autosuffisants qui en convaincront d'autres à se joindre à leur équipe et qui, un jour, leur passeront le sceptre du leadership.

  - Sachez que si votre message les effraie, c'est que vous ne parlez peut-être pas aux bonnes personnes. Travaillez avec des gens qui sont prêts à suivre vos conseils et à faire progresser leur entreprise en se pliant à vos requêtes.

- Faites-leur comprendre très tôt dans le processus qu'ils doivent s'attendre à devenir des leaders. De fait, encouragez-les à déclarer qu'ils le sont déjà. Une fois qu'ils posséderont ce titre, ils se glisseront tout naturellement dans un rôle de leadership à chaque occasion qu'ils créeront alors de façon délibérée. Les leaders répondront à vos attentes, qu'elles soient élevées ou non. Présumez que les autres sont capables, compétents, talentueux et aptes à réussir, et ils relèveront les défis que vous leur proposerez en faisant preuve de ces qualités.

  Si vous ne fixez pas la barre assez haute et que vous interagissez avec des gens qui ont le sentiment qu'ils ne seront jamais capables d'être autonomes et d'assumer un rôle de leadership, cela pourra avoir une incidence désastreuse sur la qualité de vos nouvelles recrues. En présumant que les autres sont incompétents, sans ressources, stupides ou paresseux, il est fort probable que vous n'attiriez à vous que des gens qui répondent à cette description.

  - Bien que ce message ait tendance à faire peur à certaines personnes, vous connaîtrez bientôt une croissance plus rapide parce que les gens qui se joindront à vous ne resteront que peu de temps dans la charrette. Ils en descendront, vous aideront à la tirer, avanceront de façon autonome, et vous gravirez la colline ensemble.

- Décidez d'adopter une attitude qui proclame: «Je serais heureux de vous accueillir dans mon équipe à titre de partenaire, et si vous vous joignez à moi, je m'engagerai envers votre succès au même degré que vous et en fonction des gestes que vous accomplirez. Bien que j'adorerais que vous ralliiez les rangs de mon organisation, je ne dépends pas de vous ni de personne. Il existe quantité de gens qui sont motivés à faire ce qu'il faut pour réussir dans notre industrie, et je n'ai donc pas à tenter désespérément d'attirer quelqu'un qui n'est pas prêt à collaborer pour réussir. »

Cette attitude est attirante et invite les autres à se demander si cette industrie leur convient, mais elle n'est jamais suppliante. Créez un processus de sélection basé sur cette philosophie lorsque vous recrutez les membres de votre équipe, et puis initiez-y vos associés. Tout repose sur la valeur qu'ils accorderont à leur partenariat lorsqu'ils aideront d'autres personnes à réussir dans l'industrie.

- Engagez un dialogue avec les membres de votre organisation. Il contribuera à asseoir votre position par rapport à la prospection et à la façon d'attirer des gens qui sont prêts à assumer la responsabilité de leur propre succès. Faites comprendre aux membres de votre équipe que vous ne cherchez que des gens sérieux qui investiront temps, efforts et argent pour réussir dans leur propre entreprise. Essentiellement, dites-leur de se concentrer sur le recrutement de gens vifs, travailleurs, motivés et engagés.
- Efforcez-vous d'en arriver au point où vous repousserez les gens qui ne correspondent pas à vos critères d'association. Invitez-les à devenir vos clients ou à s'engager de manière à se procurer vos produits au

prix de gros, ce qui leur permettra de s'initier à l'industrie jusqu'à ce qu'ils soient prêts à prendre un véritable engagement envers leur réussite personnelle. Offrez cette option à ceux que vous ne sentez pas disposés à voir une entreprise sérieuse et lucrative dans cette occasion que vous proposez. En leur offrant la possibilité de devenir clients, vous leur dites que vous les respectez et que vous prendrez soin d'eux, mais que vous consacrerez la majeure partie de votre temps, qui est limité et précieux, au perfectionnement de vos leaders qui, eux, ont pleinement saisi la valeur de votre proposition.

- Assurez-vous de leur faire comprendre que vous avez réussi. Vous avez les connaissances et la compréhension nécessaires pour les aider à ériger une entreprise prospère, mais ils devront collaborer pour mériter votre soutien dans ce partenariat. Ils doivent être prêts à consacrer du temps sur une base régulière afin de se constituer une liste de candidats potentiels, de communiquer avec eux, de les inviter à une présentation de leur plan d'affaires, d'investir dans les outils de l'industrie, d'assister à des événements organisationnels et d'apprendre à connaître tous les rouages du marketing de réseau. Faites-leur comprendre dès le début qu'ils seront responsables de la réussite ultime ou de l'échec final de leur entreprise. Bien entendu, vous serez toujours prêt à les aider à pousser leur charrette, mais vous ne le ferez pas éternellement à leur place.

Adoptez le processus suivant en 6 étapes pour former quelqu'un à devenir un leader dans sa propre entreprise, et il sera ensuite certainement en mesure de reproduire les mêmes résultats.

ÉTAPE 1 : ACCOMPLISSEZ CORRECTEMENT LES TÂCHES À LEUR PLACE

Vous accomplissez les tâches (qu'il s'agisse d'un appel téléphonique, de la préparation d'une liste de prospects, de la présentation d'un plan ou de suivi) afin de leur enseigner comment faire les choses correctement. En règle générale, vous devrez probablement accomplir chaque tâche à leur place entre 6 et 10 fois. Comparez cet exerçice à l'apprentissage de la navigation. De temps en temps, vous vous tournez vers la personne qui n'a jamais piloté un navire et vous dites : « Aimeriez-vous faire un essai maintenant ? »

Pendant ce temps, vous aurez de nombreuses occasions de lui parler de l'utilisation de vos produits, et aussi de découvrir quels sont ses rêves et ses ambitions. C'est le moment idéal d'établir des liens. Vous perdrez votre temps si vous tentez de bâtir une entreprise de marketing de réseau sans investir suffisamment pour apprendre à connaître les membres de votre équipe. Dans cette industrie, le succès est tributaire de la façon dont vous saurez guider les autres vers la concrétisation de leurs rêves. Et vous ne pourrez pas y arriver si vous ne connaissez pas les rêves de vos leaders !

ÉTAPE 2 : LAISSEZ-LES ACCOMPLIR LES TÂCHES SOUS VOTRE SUPERVISION ET ÉVALUEZ LEUR PERFORMANCE

Demandez à vos associés d'accomplir les tâches sous votre supervision (au téléphone ou en personne si c'est possible) de manière à pouvoir les observer et les aider à développer les qualités requises et à devenir autonomes. Vous pouvez leur donner des conseils et un élan pour les aider à accomplir les tâches avec plus d'efficacité et à devenir plus confiants.

ÉTAPE 3 : ILS ACCOMPLISSENT LES TÂCHES SEULS ET VOUS FONT UN COMPTE RENDU

Après une période d'encadrement consacrée à chaque activité, laissez vos nouveaux associés s'exercer à adopter les comportements qu'ils doivent apprendre à maîtriser. Cela les aidera à trouver leur rythme et à devenir autonomes. Ensuite, examinez avec eux comment les choses se sont passées et déterminez ce qui faisait défaut et qui, une fois mis en place, rendrait la prochaine intervention plus efficace.

ÉTAPE 4 : AIDEZ LES LEADERS QUE VOUS FORMEZ À EN FORMER D'AUTRES

Étant donné que le succès dans notre industrie repose sur la duplication, assurez-vous que vos nouveaux associés suivent l'exemple que vous leur avez donné lors de la première phase de leur formation afin qu'ils puissent créer à leur tour des leaders dans leur propre organisation. Encore une fois, aidez-les toujours à analyser leurs interventions afin qu'ils gagnent en efficacité et en productivité.

ÉTAPE 5 : INVITEZ-LES À S'ENGAGER DANS UN PROGRAMME DE DÉVELOPPEMENT DU LEADERSHIP

La création de leaders est un processus, et vous ne pouvez ni ne devriez tenter de vous y attaquer seul. Toutefois, la persistance du message et la constance du développement sont des ingrédients importants dans la création du concept de la duplication. Bien entendu, si vous voulez diriger et former des leaders, vous devez en être un vous-même et donner l'exemple en accomplissant les tâches que vous exigez d'eux. Si vous voulez devenir le modèle de rôle que vos associés admireront et voudront imiter, vous devez prendre la ferme résolution de lire davantage de livres, d'écouter davantage de matériel audio, de conserver une meilleure attitude et de projeter des attentes plus positives en ce qui a trait au succès, et ce, plus que quiconque dans votre organisation. Le véritable leadership découle d'un exemple inspirant que l'on donne des principes qui seront un gage de croissance pour l'entreprise.

ÉTAPE 6 : DEVENEZ LEUR AMI, LEUR MENEUR DE JEU, LEUR CONFIDENT ET LEUR PARTENAIRE D'AFFAIRES

La création de leaders au sein de votre organisation est indissociable de l'établissement d'une bonne relation avec eux. D'excellentes relations et des liens d'amitié sont au cœur d'un bon partenariat à long terme.

- Outillez les membres de votre équipe afin qu'ils puissent devenir les leaders de leur propre organisation.

- Soulignez leurs réalisations avec des cartes, des fleurs, un dîner ou toute autre marque de reconnaissance.
- Permettez-leur d'occuper le devant de la scène, de profiter d'une reconnaissance bien méritée et de leur heure de gloire. L'un des plus beaux cadeaux qu'un leader puisse faire à un autre leader qu'il a formé est de s'effacer le moment venu de manière à lui laisser le champ libre. Vous ne pourrez que bénéficier à long terme des conseils que vous aurez donnés à vos leaders afin qu'ils deviennent encore plus efficaces et productifs.
- Apprenez à les connaître : leurs dates d'anniversaire, leurs occasions spéciales, leurs enfants, etc. Offrez-leur vos félicitations ou un petit cadeau pour leur rappeler à quel point vous vous souciez d'eux.
- Connaissez leurs rêves. Offrez-leur des brochures et des catalogues de ce qu'ils désirent : maisons, voitures, vacances, etc.
- Passez du temps avec eux et amusez-vous ensemble. Prenez l'habitude de vous divertir avec eux et de créer de bons souvenirs communs.
- Aidez-les à se fixer des buts qui les encourageront à continuer d'aller de l'avant. Accordez-leur autant d'importance qu'ils le font eux-mêmes, et mettez-les au défi avec des exigences qui serviront leurs intérêts et qui leur permettront de se rapprocher de la réalisation de leurs rêves.

- Organisez régulièrement des rencontres pour élaborer des stratégies et faire le point de manière à mêler les affaires au plaisir.
- Rappelez-vous que vous créez une communauté, et que ces gens en sont les leaders.

Chapitre 9

L'ÉLABORATION D'UNE LISTE PERPÉTUELLE

Les réseauteurs qui éprouvent des difficultés ont une chose en commun. Ils ne disposent pas d'une source intarissable de prospects à qui parler chaque jour. L'un des secrets de la prospection efficace consiste à afficher une attitude de confiance et de détachement devant la nécessité de recruter quelqu'un. Il ne faut laisser paraître aucun désespoir ni la peur de se retrouver devant une pénurie de prospects.

En ayant une longue liste de prospects sous la main, les réseauteurs peuvent avoir la certitude que, si leur occasion d'affaires ne convient pas à un individu, il y en aura toujours beaucoup d'autres qui n'attendent que cette occasion et à qui ils pourront bientôt parler. C'est l'une des leçons les plus importantes que vous puissiez enseigner à vos associés pour établir les bases d'une entreprise solide et prospère. En leur transmettant cet enseignement, vous leur offrez les clés du royaume.

La première habileté qu'il convient de maîtriser et de dupliquer a trait à l'élaboration d'une liste de gens à qui vous pourrez faire part de votre occasion d'affaires, une liste qui deviendra en définitive une source infinie de candidats potentiels. Commençons par le début. Le fait d'être un réseauteur novice vous donnera la plus pure des perspectives quant à la valeur de votre liste et vous comprendrez qu'il s'agit de l'un des atouts les plus précieux dans l'industrie du marketing de réseau.

Premièrement, étant donné que vous évoluez dans un domaine qui a trait à la duplication, vous devrez attirer des gens dans votre équipe et les épauler pendant qu'ils forment d'autres leaders afin de générer le volume nécessaire pour qu'ils concrétisent leurs rêves financiers. En vous concentrant sur leur succès, et non le vôtre, vous rentabiliserez votre occasion d'affaires. Au début, lorsque vous êtes l'unique membre de votre équipe, vous ne pouvez générer qu'un volume limité, car vous êtes également l'unique consommateur de vos produits et l'unique client de votre organisation. Même si vous vous montrez très persuasif, les ventes que vous pourrez réaliser seront limitées à vos efforts individuels.

Si vous souhaitez avoir le style de vie rendu possible par la duplication de vos efforts à travers un vaste réseau de gens qui font la même chose que vous, vous devrez présenter le concept du marketing de réseau à d'autres individus. Un grand nombre d'entre eux deviendront des clients et d'autres se lanceront en affaires dans l'industrie. D'une façon ou d'une autre, vous devez faire la promotion de votre occasion d'affaires et de vos produits. La meilleure façon d'amorcer ce processus consiste à dresser une liste de noms.

Commencez à créer votre liste en notant le nom de tous les gens que vous connaissez sans présumer de leur réponse. Cela ne signifie pas nécessairement que vous présenterez votre occasion d'affaires à tous ceux qui figurent sur cette liste. Il est néanmoins important de dresser une liste complète de tous les gens que vous connaissez ou dont vous avez entendu parler, de manière à saisir toute la subtilité de cet exercice. Donc, comment dresse-t-on cette liste initiale?

Supposez que vous l'on vous donne 10 $ pour chacun des 100 premiers noms qui constitueront votre liste, 50 $ pour chacune des 100 inscriptions suivantes et 100 $ pour toutes les autres qui suivront. Répétez le même scénario avec chaque nouvelle personne que vous parrainerez. Comme vous le constaterez bientôt, il s'agit d'un exercice très significatif destiné à enseigner un important concept du succès aux membres de votre équipe. En les épaulant dans ce processus de constitution de leur liste, vous les aiderez à comprendre ce qu'est réellement l'industrie du marketing de réseau. Le fait de bien saisir ce concept définit votre mission et ce que sera celle de vos nouveaux associés, en fonction de la liste que vous venez de créer.

Ce sera la première de nombreuses occasions de vous rappeler la réponse à cette question de la plus haute importance: «Dans quel domaine est-ce que j'évolue?» Si vous vous êtes réellement engagé à former des leaders qui vous aideront à hisser la charrette dont nous avons déjà parlé au sommet de la colline, vous peaufinerez cette liste dans un but bien précis.

Permettez-nous de vous donner davantage d'explications au moyen d'une autre analogie. Imaginez que vous êtes devant une route qui est chaque jour très achalandée. Imaginez que vous arrêtez chaque voiture pour exposer votre plan d'affaires à son conducteur sans avoir recours à un processus de sélection qui vous permettrait de distinguer les gens qui sont prêts à être parrainés et à suivre un modèle éprouvé de ceux qui ne possèdent pas les caractéristiques nécessaires pour réussir dans notre industrie, des caractéristiques telles que la croyance, l'engagement, l'éthique du travail, l'efficacité personnelle, etc.

Imaginez également que certaines des personnes qui ne possèdent pas ces caractéristiques essentielles se joignent quand même à votre organisation et que vous deviez travailler dur et fournir beaucoup d'efforts pour les aider à bâtir un réseau, même s'ils n'ont manifesté aucune ouverture d'esprit à l'idée d'être formés à suivre une méthodologie bien définie visant à ériger une entreprise prospère. Rien n'indiquerait qui pourrait s'associer avec vous ou si ces personnes seraient prêtes à développer des habitudes axées sur le succès et l'autodiscipline qui mène à la réussite dans l'univers du marketing de réseau ou tout autre domaine. Le fait de recruter n'importe qui sans égard pour leur volonté d'apprendre et d'agir de manière à réussir dans cette industrie est un bon exemple de liste non élaguée.

Voici un deuxième exemple extrême qui illustre ce point. Imaginez que vous n'arrêtez que les voitures conduites par des gens qui ont déjà très bien réussi dans la vie. Ces gens ont payé leur dû et mérité leur succès dans d'autres entreprises. Ils connaissent les principes qui régissent le monde des affaires, comme l'investissement et la gratification différée, et ils savent qu'on ne réussit pas du jour au lendemain dans cet univers et que, parfois, il faut plusieurs années d'efforts constants pour y arriver. Maintenant, si vous n'exposez votre plan qu'à ces gens, votre pourcentage de recrutement sera peut-être plus faible que si vous laissiez tout le monde s'engager (tout dépendant de la conjoncture économique), mais vos efforts et votre habileté à mieux former des leaders qui prendront la responsabilité d'ériger leur propre entreprise en seront transformés.

Mais qu'en est-il de ces individus qui n'ont jamais connu le succès et qui veulent adopter le système éprouvé que vous préconisez dans votre organisation, qui accueillent favorablement l'idée d'être parrainés par vous, et qui sont prêts à prendre un engagement envers leur développement personnel et l'action ? Bien entendu, vous les épaulerez dans leur quête du succès grâce au véhicule qu'est le marketing de réseau. C'est analogue à une partie d'échecs. Vous faites un mouvement et ils en font un. Ils deviendront d'excellents partenaires tant et aussi longtemps qu'ils seront prêts à suivre vos directives, à être formés, à établir un plan d'action continu, et à créer une structure propice au développement personnel dans laquelle ils apprendront à maîtriser les habiletés requises pour mieux communiquer et prospecter, recruter et former, ainsi qu'à demeurer ouverts à la rétroaction et à l'encadrement.

La stratégie la plus productive consiste à trouver des gens qui ont une histoire de succès à leur actif dans un autre domaine et de laisser la porte ouverte à ceux qui sont prêts à faire ce qu'il faut pour réussir dans l'industrie du marketing de réseau. Cela exigera que vous érigiez le type d'entreprise qui vous permettra de guider ceux qui sont disposés à assumer la responsabilité de leur propre succès. Cela signifie également que vous devrez laisser aller ceux qui ne manifestent aucun désir d'être encadrés, aucun engagement envers l'action et une dépendance irréaliste vis-à-vis de vous pour bâtir leur entreprise à leur place, plutôt qu'avec eux.

Autrement dit, vous découvrirez certains leaders qui sont dotés des qualités requises pour réussir et qui en ont déjà fait preuve dans d'autres domaines. Parallèlement, d'autres n'auront pas ces qualités, mais seront prêts à se proclamer leaders et à faire ce que font les leaders afin de bâtir leur propre entreprise de marketing de réseau.

Habité par cette mission qui consiste à trouver, à parrainer et à former des leaders, déterminez sur votre liste les gens qui possèdent déjà les qualités que vous estimez devoir être réunies chez ceux qui réussissent. Communiquez d'abord avec ceux que vous aimeriez voir siéger au conseil d'administration de votre entreprise. En premier lieu, invitez-les à se demander si votre occasion d'affaires leur convient. Ensuite, tournez-vous vers ceux qui vous laissent quelque peu indécis, parce qu'ils n'ont pas d'histoires de succès à leur actif, ou parce que vous connaissez mal leurs réalisations antérieures et quelles seront leurs aptitudes à réussir.

Puis, plutôt que de rejeter tous ceux dont vous n'êtes pas certain, présentez-leur votre occasion d'affaires, en exposant clairement les caractéristiques que vous recherchez chez vos partenaires éventuels (la volonté de créer une vision de leur réussite dans l'industrie, la perspective de faire ce qu'il faut pour concrétiser cette vision, l'engagement à respecter un plan d'action détaillé, la volonté de travailler de concert avec vous de manière à combler toute lacune en mettant à exécution votre plan de partenariat, etc.).

Il y a un élément important à souligner ici. Vous ne saurez pas toujours qui est prêt ou apte à évoluer dans votre entreprise. Certaines personnes en qui vous verrez des associés idéaux vous diront que cette industrie ne leur convient pas. D'autres, qui n'ont jamais vraiment réussi dans un autre domaine, se diront prêts à se lancer sérieusement dans cette aventure. Tant et aussi longtemps qu'ils seront prêts à suivre une formation de manière à accomplir les tâches préalables au succès dans cette industrie, vous serez disposé à les guider.

Certains ne sauront peut-être pas ce qu'ils veulent au début. Ils se joindront peut-être à vous à titre de clients, ou prendront un départ très lent en tant que simples participants. Certains de ces individus feront la transition entre le statut de passagers de votre charrette à celui de partenaires actifs et de leaders. Ne retirez pas votre invitation et ils accepteront peut-être de relever le défi et de franchir l'étape suivante de cette évolution vers le leadership, mais ne leur permettez pas de drainer votre énergie en ne respectant pas leurs promesses ou en s'en remettant entièrement à vous pour bâtir leur entreprise car, après tout, votre rôle consiste à créer des leaders. Accueillez ces personnes et prêtez-leur attention, leur offrant sans cesse l'occasion de s'engager davantage. Mais consacrez 80 pour cent de votre temps à ceux qui se présentent comme des bâtisseurs et qui unissent le geste à la parole.

Bref, cherchez d'abord des leaders qui ont prouvé qu'ils possèdent les qualités des gens qui réussissent. Ensuite, tournez-vous vers ceux qui acceptent d'être encadrés et qui ont le potentiel requis pour occuper au bout du compte un rôle de leadership. Ne perdez pas de temps avec ceux qui manifestent clairement une réticence à suivre vos conseils ou qui refusent d'assumer la responsabilité de leur propre succès.

Voici quelques règles qui vous permettront d'établir un ordre de priorité dans la sélection des membres de votre conseil d'administration :

- Ce qu'est une personne avant de s'engager dans le réseautage est un bon indicateur de ce qu'elle sera au sein de votre entreprise. Les gens peuvent changer, mais cela exige beaucoup de temps, et ils doivent démontrer une volonté de le faire en faisant les gestes nécessaires.
- Les gens qui réussissent le mieux vous traiteront avec respect, même s'ils déclinent votre invitation. Ils seront les premiers à vous féliciter pour votre vision de l'avenir et votre succès et, souvent, s'ils ne s'engagent pas, ils vous recommanderont d'autres personnes qui accueilleront favorablement votre offre. Les gens qui réussissent savent que le succès est un voyage, et ils respectent quiconque a le courage d'entreprendre ce périple.
- Les gens qui réussissent s'associent avec des gens qui réussissent. Même s'ils choisissent de ne pas s'engager avec vous, ils connaissent peut-être quelqu'un qui ferait un candidat potentiel extraordinaire et qui pourrait devenir un grand leader dans votre organisation. Souvenez-vous toujours de leur demander des suggestions, même si la personne qu'ils recommandent n'est pas le candidat idéal à leurs yeux. Ce pourrait être quelque chose comme : « Sarah, je comprends que mon entreprise ne te convient pas pour l'instant, mais connaîtrais-tu par hasard au moins trois personnes qui seraient intéressées à examiner cette occasion d'affaires ? Évi-

demment, je les respecterai et je n'exercerai aucune pression sur elles. »

Si vous parrainez des gens qui possèdent une attitude et des qualités propices au succès, ils feront l'exercice qui consiste à dresser leur liste initiale, et ils détermineront ensuite les gens qu'ils aimeraient voir siéger à leur conseil d'administration, des gens qui parraineront alors fort probablement de trois à six bâtisseurs d'entreprises au sein de leur organisation. La liste originale que vos recrues dresseront avec votre aide devrait donner naissance à quelques bâtisseurs qui assureront la croissance de l'entreprise. Étant donné qu'il ne faut que trois à six bons leaders pour ériger une organisation qui deviendra un gage de liberté financière, on ne saurait trop insister sur l'importance d'un bon départ chez vos nouveaux associés.

Si vous aidez vos nouveaux partenaires à prendre un bon départ, à fixer des attentes réalistes en matière de leadership en les soutenant dans l'apprentissage des habiletés requises pour ériger leur entreprise, vous constaterez un pourcentage de réussite plus élevé chez ceux qui s'engagent. Cependant, il y en aura toujours qui ne mèneront pas ce programme à bonne fin et qui n'arriveront jamais à assumer le rôle de leadership que vous espériez leur voir endosser. C'est pour cette raison que vous voudrez exceller dans l'art d'ajouter de nouveaux noms à votre liste perpétuelle. Penchons-nous donc sur ce que vous pouvez faire pour vous assurer de toujours avoir de nombreuses personnes à qui présenter votre plan, de manière à faire croître votre entreprise à volonté.

LA CRÉATION D'UNE LISTE PERPÉTUELLE EST FONDÉE SUR L'ATTITUDE

La création d'une liste qui ne cessera jamais de s'allonger exige un état d'esprit particulier. En prenant la décision de vous mettre dans un « mode de rencontre constant », vous assurerez le succès à long terme de votre entreprise. Cela ne signifie pas que vous devrez arpenter les rues et vous présenter à tous ceux que vous croisez en leur serrant la main, comme le ferait un politicien en quête de votes, ni d'errer dans les centres commerciaux afin d'y repérer des gens intéressants. Cela signifie toutefois que vous devrez être constamment dans un état d'esprit ouvert et déterminé en adoptant un style de vie grégaire, en souriant beaucoup et en projetant une attitude positive où que vous alliez.

En adoptant une attitude positive qui laisse voir beaucoup d'énergie et de grandes attentes par rapport au succès, vous rencontrerez davantage de gens chaque jour. Nombre d'entre eux seront attirés par votre énergie et accepteront d'examiner la possibilité de se joindre à votre organisation. Les gens sentiront que vous avez un esprit positif et que vous êtes disposé à créer un scénario gagnant-gagnant. Dressez et tenez à jour une liste maîtresse de candidats potentiels, et gardez toujours sur vous un petit carnet dans lequel vous ajouterez régulièrement des noms.

Si vous êtes une personne heureuse qui sourit aux autres et les salue chaleureusement, qui affiche une attitude positive et optimiste vis-à-vis de la vie, vous attirerez les gens à vous. Converser avec eux sera facile et vous passerez maître dans l'art de retenir le nom des gens. Vous traverserez la vie en cherchant constamment à faire de nouvelles rencontres et à nouer de nouvelles amitiés.

De plus, une personne heureuse et énergique qui adopte une bonne attitude et qui sourit aux autres ne sera jamais à court de nouveaux prospects parce que sa liste s'allongera continuellement. Les réseauteurs dont la liste de distributeurs éventuels est insuffisante n'ont pas fait une priorité de sa mise à jour. En faisant une priorité de cette liste, vous serez constamment dans un mode de rencontre et vous pourrez ajouter des noms à votre liste perpétuelle.

Il est important de se rappeler que l'objet de cette liste est d'en retirer des noms. Imaginez que quelqu'un a conclu une entente avec vous. Cette personne est prête à vous embaucher et à vous payer 1 000 $ par jour pour effectuer certaines tâches : prendre votre petit déjeuner, vivre une vie normale et être joyeux, souriant et engageant envers tous les gens que vous rencontrez au cours de votre vie. Tout ce que vous avez à faire, c'est d'engager une fois par jour une conversation de 5 minutes avec un inconnu, sur n'importe quel sujet, c'est-à-dire une conversation amicale au cours de laquelle vous vous présenterez, vous apprendrez le nom de votre interlocuteur et quelque chose de pertinent à son sujet.

Seriez-vous capable de le faire en échange de 1 000 $ par jour ? Certainement. Ce serait du gâteau. Eh bien, c'est exactement ce qu'il faut faire pour dresser une liste perpétuelle. Mettez en pratique vos habiletés de communication et faites la connaissance de nouvelles personnes partout où vous allez, tout en vaquant à vos activités normales.

Rappelez-vous que vous pourrez tout aisément rencontrer des gens prospères et confiants qui seront susceptibles de réussir haut la main dans notre industrie que des gens pauvres et aigris qui s'imaginent que le monde entier leur doit tout. Fixez-vous comme objectif de rencontrer délibérément des individus qui évoluent dans un cercle de gens d'affaires prospères.

Avec le temps, vous doublerez et ensuite triplerez le nombre de gens que vous connaissez à mesure que s'élargira votre cercle de relations et d'influence. Si vous ajoutez constamment des noms à votre liste, vous aurez toujours accès à un bassin d'individus qui seront éventuellement dans un mode de recherche. Rangez votre liste maîtresse en lieu sûr, mais gardez toujours sur vous un petit carnet de manière à pouvoir y noter de nouveaux noms.

Voici quelques grandes règles générales en ce qui a trait à ces ajouts :

- Prenez l'habitude de demander leur carte professionnelle aux gens que vous rencontrez. Assistez à des rencontres d'organismes locaux tels que Rotary, Kiwanis, la chambre de commerce de votre localité, ainsi qu'à d'autres événements qui rassemblent des gens d'affaires. Assistez à des conférences sur le leadership dans votre région. Côtoyez les gens les plus actifs de votre communauté.
- Faites en sorte de rencontrer des leaders. Si vous voulez faire la connaissance de quelqu'un qui peut réaliser un coup de circuit en frappant la balle à une distance de 150 mètres, vous ne perdrez pas votre temps sur un terrain de jeu où des enfants s'amusent à jouer au baseball.
- Apprenez à bien écouter. Posez des questions ouvertes telles que : « Que faites-vous dans la vie ?

Depuis combien de temps travaillez-vous dans ce domaine ? N'est-ce pas un domaine en pleine expansion actuellement ? Votre secteur d'activité dépend-il autant de la conjoncture économique que le mien ? Qu'est-ce qui vous a de prime abord attiré dans ce type d'industrie ? Il me semble que votre travail vous passionne toujours, n'est-ce pas ? J'ai un fils qui songe à faire comme vous. Si vous pouviez vous asseoir avec lui, lui recommanderiez-vous d'aller de l'avant ou de songer à une autre carrière ? »

- Apprenez à poser une série de questions qui inviteront vos candidats potentiels à engager la conversation sur un sujet que vous aurez choisi. Manifestez un réel intérêt envers votre interlocuteur et son travail. Si les gens sont polis et possèdent des habiletés de communication, ils vous poseront des questions sur vos champs d'intérêt et votre entreprise, vous donnant ainsi l'occasion de partager vos vues respectives et de mesurer leur intérêt à en apprendre davantage sur votre organisation.
- Apprenez à semer des miettes de pain par-dessus votre épaule au lieu de tenter d'enfoncer la miche tout entière au fond de la gorge de vos interlocuteurs. Tout repose sur le développement de vos habiletés de communication et de votre aptitude à vous faire des amis.
- Apprenez à établir des relations avec les gens avant de leur parler de votre entreprise. En vous concentrant d'abord sur l'établissement de relations, vous laisserez au temps le soin de vous offrir une occasion d'exposer votre projet.

- Au fil de vos conversations, soyez à l'affût d'expressions telles que : « Je veux », « J'ai besoin » et « J'aimerais pouvoir ». Prêtez attention aux passions des gens et au temps qu'ils peuvent y consacrer. Côtoyez des gens d'affaires vifs et énergiques, et manifestez de l'intérêt à faire partie de leur monde.
- N'excluez jamais quelqu'un parce que vous pensez qu'il vous dira non. Certains des leaders les plus prospères dans notre industrie sont des gens que d'autres avaient peur d'approcher parce qu'ils avaient à tort présumé qu'ils ne saisiraient pas une telle occasion.
- Faites de chaque refus un atout pour votre liste en demandant que l'on vous recommande des individus qui pourraient être intéressés par votre occasion d'affaires.

Remarque : Pour connaître d'autres techniques permettant de générer des pistes, telles que les petites annonces et le matériel publicitaire, le publipostage, les rencontres à domicile, les réceptions d'affaires professionnelles, la mercatique de créneau, le réseau Internet, l'achat de listes de prospects, etc., veuillez consulter les ouvrages suivants. Écrits par Joe Rubino, ils traitent en détail de ces sujets :

- *7 étapes pour bâtir une organisation millionnaire en marketing de réseau ;*
- *The Ultimate Guide to Network Marketing;*
- *Secrets of Building a Million-Dollar Network Marketing Organization from a Guy Who's Been There Done That and Shows You How You Can Do It Too!;*

- *10 Weeks to Network Marketing Success: The Secrets to Launching Your Very Own Million-Dollar Organization in a 10-Week Business-Building and Personal-Development Self-Study Course.*

Chapitre 10

L'ÉLAGAGE DE LA LISTE

Il n'y a en fait que cinq éléments que les réseauteurs doivent maîtriser :

1. ***Créez une liste.*** Soyez toujours prêt à y ajouter de nouveaux candidats potentiels à qui présenter votre occasion d'affaires.

2. ***Passez maître dans l'art d'établir des contacts et d'inviter de nouveaux candidats potentiels.*** Une fois que leurs noms figurent sur votre liste, vous devez être capable de leur téléphoner ou de leur parler en personne, et les amener à prendre le temps d'examiner votre occasion d'affaires.

3. ***Présentez votre occasion d'affaires avec professionnalisme.*** Vous voulez être capable d'exposer votre plan d'affaires et de susciter l'enthousiasme des gens. Vous devez pouvoir le faire de façon efficace.

4. ***Effectuez un suivi.*** C'est une habileté que peu de gens maîtrisent. Ils exposent leur modèle d'entreprise, mais ils ne donnent plus signe de vie avant trois à cinq semaines, et l'enthousiasme que le

prospect avait manifesté pendant la présentation s'est alors considérablement refroidi.

5. ***Initiez adéquatement toute nouvelle recrue à l'industrie.*** Vos nouveaux associés sont prêts à commencer. Ils ont dit vouloir s'engager et aller de l'avant. Alors, que devez-vous faire pour leur assurer un bon départ ?

Ceux qui souhaitent ériger une grande organisation de marketing de réseau devront se dupliquer à travers des gens qui leur ressemblent. La première phase de la duplication consiste en la création d'une liste de noms. Alors que les réseauteurs novices communiquent avec les gens qui figurent sur leur liste, l'une de ces trois choses arrivera. 1. On leur dira : « Non, merci. » 2. Ils deviendront des clients. 3. Ils s'engageront avec l'intention de bâtir une entreprise.

Nous enseignons aux gens à se constituer une liste initiale la plus longue possible, sur laquelle figureront les noms de tous ceux qu'ils connaissent. Devons-nous exposer notre plan à tous ceux qui figurent sur cette liste ? Eh bien, contrairement à ce que nous avons affirmé en ce qui a trait à la création de leaders, la réponse est « non ». Lorsque nous nous sommes lancés dans l'industrie, nous aurions probablement répondu « oui » à cette question. Si tous vos candidats potentiels étaient branchés et pouvaient demeurer assis sans s'endormir, vous leur auriez déjà présenté votre plan d'affaires.

Étant donné que mon séjour sur terre est limité, je préfère mettre toutes les chances de mon côté. Si mon intention est de trouver des gens qui siégeront à mon conseil d'administration, j'ai intérêt à analyser qui ils sont (et à déterminer quels sont les principes du succès qu'ils comprennent) avant de songer à les aborder. Après tout, pourquoi ne pas parler d'abord à ceux qui semblent avoir les meilleures aptitudes ? En fait, je n'ai pas besoin de 100 personnes pour œuvrer en première ligne ; il me faut entre 3 et 5 excellents associés qui comprennent bien l'industrie.

Ensuite, grâce au processus de la duplication, j'arriverai à trouver des dizaines ou des centaines de milliers de gens grâce à ces leaders. Le fait de devenir une personne amicale qui traite les autres avec classe vous permettra d'assurer la continuité de votre liste. Se retrouver à court de noms est une question de mentalité. Jouir d'une liste perpétuelle est également une question de mentalité. Tout est dans l'attitude avec laquelle vous abordez cette habileté.

À mesure que vous apprendrez à investir du temps dans la création d'une bonne liste de clients ou candidats potentiels, penchez-vous également sur ce qui distingue de façon importante et subtile l'acte de dresser une liste, le choix de ceux à qui vous parlerez, et du moment où vous le ferez.

Une importante dynamique s'installe lorsque vous inscrivez le nom de toutes vos connaissances sur votre liste. Elle englobe à la fois le geste d'y ajouter un nom et le processus de maintien d'une liste en constante expansion. Si vous prenez cette habitude de tenir une liste et de conserver sur vous une copie de la liste entière (ou une liste partielle que vous ajouterez éventuellement à votre liste maîtresse), vous finirez par noter automatiquement le nom de tous ceux que vous rencontrez.

Chose certaine, vous rencontrerez environ 200 nouvelles personnes chaque année, et si vous gardez une liste sur vous, il y a de fortes chances que vous y ajoutiez leurs noms. Elles recevront éventuellement un appel de votre part au sujet de vos merveilleux produits et de l'occasion d'affaires phénoménale que vous offrez. Il est donc important d'inscrire le nom de toutes vos connaissances sur votre liste et de l'allonger sans cesse.

Cependant, cela ne signifie pas que vous voudrez parler à tous ces gens. Ce n'est pas parce que vous connaissez quelqu'un que cette personne devient un client ou un associé éventuels. Sachez qu'il y aura sur votre liste des gens dont vous ne voudrez pas dans votre organisation. Ils sont peut-être négatifs ou désagréables. Ils sont peut-être malhonnêtes. Ils ont peut-être une mauvaise réputation qui est justifiée. Ils sont peut-être le type d'individus qui draineront votre énergie ou bousculeront vos émotions. Vous vous demandez peut-être pourquoi vous devez quand même inscrire leurs noms sur votre liste. C'est simple : tout le monde y a sa place, sans préjudice initial.

Le fait de constituer et de tenir à jour une liste de toutes vos connaissances actuelles, et de toutes les personnes que vous rencontrerez, fait naître une habitude reliée au succès. Ensuite, vous procéderez à l'élagage de votre liste et commencerez à trier les noms qui la composent en fonction de vos expériences avec ces candidats potentiels et de ce que vous savez d'eux. Certains feront d'excellents clients. D'autres mériteront d'être invités à jeter un coup d'œil à votre organisation. En étudiant votre liste, demandez-vous : *« Est-ce que j'aimerais avoir cet individu comme client ou comme associé dans mon entreprise ? »* Rappelez-vous qu'il ne vous faut qu'entre trois et six bâtisseurs bien choisis pour vous assurer un revenu se situant dans les six chiffres.

Voici une règle qui vous aidera à constituer l'équipe idéale. Tout individu demeurera tel qu'il est, même après s'être engagé dans votre entreprise. Tout le monde a des habitudes acquises au cours de sa vie qui demeurent bien ancrées. On peut aisément déceler ces habitudes chez la personne que l'on connaît bien. Les gens disent ce qu'ils sont avec les gestes qu'ils accomplissent. S'ils sont paresseux, indisciplinés, négatifs ou sans ambition avant de figurer sur votre liste, le fait de les y inscrire ne les changera pas. S'ils sont entreprenants, ambitieux, disciplinés, motivés, de bons communicateurs et animés d'une attitude positive avant de figurer sur votre liste, c'est exactement ce qu'ils seront après s'être joints à vous. De nombreuses personnes abandonnent le marketing de réseau parce qu'elles se sont épuisées à attirer les mauvaises personnes sur la voie du succès.

Voici 10 questions à poser à un candidat potentiel lorsque vous élaguez votre liste :

1. A-t-il déjà réussi dans un autre domaine ? Les gens qui réussissent ont développé des habitudes qui ont été à l'origine de réussites antérieures. Ils apporteront ces mêmes qualités admirables dans votre organisation.
2. Aime-t-il interagir avec les gens ? Le marketing de réseau est une entreprise relationnelle. Plus grandes seront les habiletés de communication d'un individu, plus grandes seront ses chances de réussite dans notre industrie.

3. A-t-il déjà fait preuve de l'habileté à travailler avec enthousiasme aujourd'hui dans la perspective de recevoir une récompense demain ?
4. A-t-il des partisans ? Ces derniers sont-ils des centres d'influence ?
5. Est-il de commerce agréable ?
6. Exprime-t-il verbalement ses rêves, ses buts ou ses ambitions ?
7. Dégage-t-il une aura de confiance et donne-t-il l'impression d'aller quelque part ?
8. Est-il un battant et est-il très motivé ?
9. Aimeriez-vous qu'il siège au conseil d'administration de votre entreprise ?
10. Vous sentiriez-vous à l'aise à l'idée de le présenter aux gens les plus importants de votre vie ?

Rappelez-vous qu'un candidat potentiel au statut de distributeur peut toujours devenir un candidat au statut de client.

Voici 5 questions à poser à un client éventuel, surtout si votre gamme de produits s'inscrit dans les domaines de la santé et du bien-être :

1. Est-il nettement proactif en ce qui concerne l'exercice physique et son bien-être personnel ?
2. Semble-t-il nourrir une passion pour les produits reliés à la santé et au bien-être ?
3. Utilise-t-il actuellement des produits conçus pour optimiser sa santé ?

4. Souffre-t-il d'un problème de santé bien précis que vos produits peuvent régler ?
5. Est-ce que les produits de votre entreprise lui conviendraient ?

Tout distributeur ou client éventuel de vos produits ou services pourra éventuellement vous mener à d'autres excellents bâtisseurs si vous n'oubliez pas de leur demander de vous recommander des gens.

Chapitre 11

LE MARKETING DE RÉSEAU EST UN SPORT DE CONTACT

Si un joueur de football se présentait sur le terrain en étant habité de la peur d'être plaqué, quel serait son degré d'efficacité ? De toute évidence, il serait nul ! Il arrive très souvent que des gens prennent la décision de s'engager dans l'industrie du marketing de réseau et de faire connaître leurs produits, leur entreprise et leur occasion d'affaires. Et devinez ce qui arrive ? Les individus à qui ils en parlent n'y voient pas la même valeur qu'eux, ou ils se disent trop occupés, ou ils confondent à tort cette occasion de changer leur vie avec une sordide organisation pyramidale, ou ils donnent toutes sortes d'excuses pour masquer leur manque d'intérêt.

Alors, le réseauteur novice confond cette réponse avec un rejet personnel. Et parfois, il interprète ce rejet d'une façon plus large, se disant que « personne n'est intéressé ». Avec cette fausse interprétation qui semble si vraie, il n'est pas étonnant que l'abandon devienne une option si pratique ! Après un échec ou deux, il baisse les bras, incapable de jouer le jeu jusqu'au bout.

CRÉEZ UN BON DISCOURS INITIAL (LE SCÉNARIO)

Il est essentiel que vous prépariez un discours d'approche succinct, clair et précis qui traduit bien la confiance que vous avez en vous et en votre organisation. Ce scénario est conçu pour vous aider à préparer un appel ou une rencontre de suivi visant à présenter votre occasion d'affaires à un candidat potentiel. Ce discours doit respirer l'authenticité et ne pas paraître faux ou emprunté. Il doit venir du cœur afin que votre associé éventuel comprenne bien qu'il ne s'agit pas d'un boniment que vous servez à n'importe qui.

Dans le monde de l'investissement, on parle de discours d'ascenseur, c'est-à-dire que vous avez la parole un court moment, le temps de gravir quelques étages, pour éveiller la curiosité d'un investisseur de capital de risque. Lorsque l'ascenseur s'arrête, le délai qui vous était accordé pour faire votre discours d'approche prend également fin, sauf si vous avez réussi à retenir l'attention de votre candidat potentiel et à l'intéresser.

Voici quelques exemples de discours efficaces.

Premier scénario : Vous connaissez la personne et elle habite près de chez vous :

> « Tom, c'est John. As-tu quelques minutes ? Je suis entre deux réunions, mais il y a quelque chose dont j'aimerais te parler. La dernière fois que nous avons dîné ensemble, tu me disais à quel point tu travaillais dur et avais peu de temps à consacrer à ta famille. J'ai repensé à tout ça. Je crois que j'ai trouvé une solution. Je ne peux rien te promettre,

> mais je pense qu'il y a un moyen de résoudre ton problème. Nous pourrions en reparler devant un bon repas. Quel jour te conviendrait, mercredi ou jeudi ? »

Maintenant, examinons ce discours phrase par phrase pour en décortiquer les éléments qu'il vous faut intégrer à votre approche.

> « As-tu quelques minutes ? Je suis entre deux réunions, mais il y a quelque chose dont j'aimerais te parler. »

Si votre candidat potentiel vit dans votre région, vous dressez à dessein un scénario dans lequel vous n'aurez pas le temps d'entrer dans les détails au téléphone. Vous respectez la possibilité qu'il soit occupé et vous l'informez que ce que vous avez à lui dire ne prendra pas beaucoup de son temps. Vous devez respecter le fait que les gens sont très occupés de nos jours.

> « La dernière fois que nous avons dîné ensemble, tu me disais à quel point tu travaillais dur et avais peu de temps à consacrer à ta famille. J'ai repensé à tout ça. Je crois que j'ai trouvé une solution. »

Vous avez décelé un besoin et vous avez laissé entendre que vous aviez peut-être une solution à proposer. C'est très important, car vous vous présentez à votre candidat potentiel en lui faisant miroiter une solution à un problème qui le préoccupe. Vous manifestez un réel intérêt et souhaitez lui offrir quelque chose qui contribuera à sa qualité de vie et résoudra un problème. Le candidat potentiel a alors une bonne raison de vous écouter.

« Je ne peux rien te promettre, mais je pense qu'il y a un moyen de résoudre ton problème. »

Vous avez gardé une bonne attitude en ne vous montrant pas trop empressé de le dégager de son problème. Vous lui avez parlé d'une solution possible, mais avez laissé entendre qu'il devra y mettre du sien.

« Nous pourrions en reparler devant un bon repas. Quel jour te conviendrait, mercredi ou jeudi ? »

Vous avez préparé le terrain en ne demandant pas directement à votre candidat potentiel s'il voulait en parler. Vous êtes certain que votre offre l'aidera à régler son problème, et vous agissez en supposant qu'il est intéressé. Vous ne lui demandez pas s'il veut vous rencontrer plus tard à ce sujet ; c'est déjà clair dans votre esprit. Il ne reste qu'à trouver le moment propice.

Deuxième scénario : Vous ne connaissez pas le candidat potentiel, mais il vit dans votre région :

« Salut, Tom, je m'appelle John. Comment allez-vous aujourd'hui ? Tom, permettez-moi d'aller droit au but, car je sais que vous êtes très occupé. Je suis un homme d'affaires. Mon entreprise aide les gens très occupés à trouver davantage de temps pour eux-mêmes tout en augmentant leurs revenus. Mon produit vedette est un système éprouvé qui peut aider tout le monde à accroître ses revenus de façon importante tout en trouvant davantage de temps libre. J'aimerais passer 15 minutes avec vous pour vous en parler, sans obligation de votre part autre que le temps que vous consacrerez à m'écouter. »

> Maintenant, analysons ce discours.
>
> « Salut, Tom, je m'appelle John. Comment allez-vous aujourd'hui ? »

Les gens font des affaires avec des gens qui leur plaisent et qui sont compétents. N'ayez pas peur d'amorcer une conversation amicale qui brisera la glace. Le secret consiste toutefois à ne pas aller trop loin. Les gens ont besoin de savoir que vous êtes amical et compétent, mais vous pouvez le leur faire savoir en moins d'une minute si votre ton et votre approche respirent la confiance.

> « Tom, permettez-moi d'aller droit au but, car je sais que vous êtes très occupé. »

Les gens occupés souhaitent que vous alliez droit au but et que vous le fassiez d'une façon amicale. Allez donc droit au but, mais laissez-leur le temps de vous aimer en cours de route.

> « Je suis un homme d'affaires. Mon entreprise aide les gens très occupés à trouver davantage de temps pour eux-mêmes tout en augmentant leurs revenus. Mon produit vedette est un système éprouvé qui peut aider tout le monde à accroître ses revenus de façon considérable tout en trouvant davantage de temps libre. »

Soyez clair et bref en décrivant ce que vous faites ; moins de 50 mots feront l'affaire. Vous devez être très précis lorsque vous décrivez les avantages qui s'offrent à eux s'ils acceptent d'aller plus loin.

> « J'aimerais passer 15 minutes avec vous pour vous en parler, sans obligation de votre part autre que le temps que vous consacrerez à m'écouter. »

Vous n'exercez aucune pression et votre candidat potentiel sait qu'il pourra en apprendre davantage sur votre système avantageux en moins de 15 minutes.

Troisième scénario : Vous ne connaissez pas votre candidat potentiel et il vit dans une autre ville trop éloignée pour que vous envisagiez une rencontre :

> « Salut Tom, je m'appelle John. Comment allez-vous aujourd'hui ? Tom, permettez-moi d'aller droit au but, car je sais que vous êtes très occupé. Je suis un homme d'affaires. Mon entreprise aide les gens très occupés à trouver davantage de temps pour eux-mêmes tout en augmentant leurs revenus. Mon produit vedette est un système éprouvé qui peut aider tout le monde à accroître ses revenus de façon considérable tout en trouvant davantage de temps libre. J'aimerais passer 15 minutes avec vous au téléphone, afin que mon associé et moi puissions vous expliquer notre système, sans obligation de votre part autre que le temps que vous consacrerez à nous écouter. »

Dans ce scénario, un tête-à-tête n'est pas possible. En proposant un rendez-vous téléphonique, vous en soulignez ainsi l'importance. En faisant accepter à votre associé éventuel de vous consacrer du temps, vous avancez l'idée qu'un rendez-vous spécial devra être fixé. En le persuadant de la nécessité de vous consacrer du temps, vous avez fait naître une attente, laissant entendre que l'information que vous avez à transmettre est précieuse. En décidant d'une réunion téléphonique à laquelle participera votre associé, vous montrez également à votre associé éventuel que vous travaillez en équipe. Vous lui ferez également comprendre plus tard qu'il n'aura pas à faire ses présentations seul tant qu'il n'aura pas acquis la compétence nécessaire.

Ce ne sont là que des exemples. Vous pourrez préparer un bon discours initial avec l'aide d'une personne qui a très bien réussi dans votre organisation, généralement un parrain ou un associé.

Voici les cinq éléments d'un bon scénario :

1. L'introduction : Présentez-vous avec confiance. Si vous portez un nom rare, épelez-le.
2. Allez droit au but afin de montrer que vous valorisez le temps de votre interlocuteur et le vôtre.
3. Livrez votre message initial en moins de 50 mots. La concision et la clarté sont essentielles.
4. Présentez un avantage séduisant qui éveillera l'intérêt de votre candidat potentiel.
5. Précisez que vous n'aurez besoin que de 15 minutes pour exposer votre offre.

Intégrez toujours les avantages les plus séduisants de votre offre dans ce discours d'approche de manière à attirer l'attention de votre associé éventuel. Soyez toujours bref et ne tentez jamais d'exposer votre plan pendant votre premier appel téléphonique. Cela vous aidera à garder une attitude attirante et laissera entendre que votre exposé en vaut la peine.

Rappelez-vous que l'objet d'un appel n'est pas d'expliquer votre concept ; il vise plutôt à fixer un rendez-vous (en personne ou au téléphone avec le prospect afin que vous puissiez lui présenter votre plan d'affaires dans un cadre propice à la prise d'une décision).

Écoutez attentivement et apprenez à répondre de façon appropriée à ce que dit votre candidat potentiel, orientant ainsi la conversation dans la bonne direction, tout en répondant à ses préoccupations et à ses questions.

(Remarque : Pour plus de détails sur les cinq étapes permettant d'orienter efficacement une conversation de prospection, lisez *7 étapes pour bâtir une organisation millionnaire en marketing de réseau* et écoutez la série de CD intitulée *10 Weeks to Network-Marketing Success*, deux ouvrages de Joe Rubino.)

L'un des plus grands problèmes qu'ont les gens lorsqu'ils font ce discours initial ou une présentation, c'est qu'ils ne prêtent pas attention aux questions ou aux réponses que leur donne leur candidat potentiel. Imaginez un avocat qui serait tellement pris par son interrogatoire qu'il n'écouterait pas les réponses du témoin. L'avocat dit : « Monsieur le témoin, où habitez-vous ? » Le témoin répond : « Je vis en Floride et j'ai tué la victime en lui donnant 50 coups de couteau. » L'avocat enchaîne : « Et depuis combien de temps vivez-vous en Floride ? » Prêtez attention aux réponses que vous obtenez et réagissez en conséquence.

Apprenez à faire preuve de vivacité d'esprit. C'est-à-dire à préparer et à anticiper les questions ou les réponses de votre candidat potentiel, comme vous le faisiez lorsque vous étiez enfant et que vous tentiez d'imaginer des réponses aux questions que vos parents allaient vous poser.

Au cours de votre carrière, peut-être vous est-il déjà arrivé d'imaginer une conversation avec votre patron avant qu'elle ait lieu. Peut-être aviez-vous l'intention de lui demander une augmentation et tentiez-vous de préparer des réponses à ses objections afin d'augmenter vos chances d'obtenir cette augmentation. En imaginant cet échange avant d'entrer dans son bureau, vous vous êtes préparé à toutes les éventualités.

Vous devez prendre le temps de faire exactement la même chose avant de faire des appels de prospection. Vous devez vous plonger mentalement dans la conversation bien avant qu'elle ait lieu. Ce faisant, vous serez en mesure d'anticiper les questions, les objections ou les tentatives de congédiement rapide. Plus de conversations vous aurez, plus il deviendra facile de prévoir les questions, les préoccupations et les objections de vos associés éventuels. Il est très agréable d'être capable de réagir efficacement à une objection ou à une question que vous aurez prévue bien avant qu'elle ne surgisse et de voir votre associé potentiel accueillir favorablement la façon dont vous avez répondu à sa préoccupation, y compris son objection, ou offert une nouvelle façon d'aborder la situation.

(Remarque: Pour un exposé détaillé portant sur la façon de faire face aux objections, voyez le chapitre 8 de *Secrets of Building a Million-Dollar Network Marketing Organization from a Guy Who's Been There Done That and Shows You How You Can Do It Too!*)

Avec un peu d'entraînement et d'expérience, vous pourrez anticiper les questions et les objections de vos associés éventuels et être prêt à y réagir avec efficacité. Vous vous rendrez rapidement compte qu'un nombre limité de questions et de préoccupations peuvent surgir après votre discours initial. C'est ici que les jeux de rôle et l'entraînement deviennent vitaux. Si vous vous prêtez à des jeux de rôle avec un partenaire avant de faire vos présentations, vous pouvez dresser une liste de réponses possibles et préparer des questions que vous poserez avec naturel et qui paraîtront spontanées.

Anticipez les préoccupations que vos candidats potentiels exprimeront probablement avant de leur parler, de manière à être prêt à les écouter. Ne vous disputez jamais avec eux ! Vous ne feriez alors que donner du poids à leurs objections. Ces jeux de rôle pendant lesquels vous tentez de prévoir les questions de vos candidats potentiels vous permettront d'avoir des réponses toutes prêtes qui dégageront confiance et compétence.

Prenez le temps de faire l'exercice suivant. Il est très important. Mettez votre discours initial par écrit ainsi que quelques réponses probables à des questions, des préoccupations et des objections que pourraient soulever vos associés éventuels. Faites de votre mieux pour anticiper vos réponses et leurs répliques.

Premièrement, résumons rapidement les six règles de l'élaboration d'un scénario :

1. L'objet du discours initial n'est pas de présenter votre plan ; il vise plutôt à fixer un rendez-vous ou un appel de suivi à un moment et à un endroit qui conviennent aux deux parties.

2. Limitez la durée de votre intervention à quelques phrases claires et concises.

3. Parlez des avantages de cette conversation pour votre associé éventuel.

4. Supposez qu'il acceptera de vous parler et qu'il se montrera intéressé par votre occasion d'affaires.

5. Permettez à votre prospect de fixer l'heure et le lieu de la rencontre.

6. Préparez-vous à offrir des réponses à d'éventuelles questions ou objections.

En résumé, voici quelques questions et éléments de préparation à considérer avant de faire votre discours initial. Prenez quelques feuilles de papier et décrivez-y soigneusement dans vos mots :

a) Les raisons pour lesquelles je me suis engagé dans cette entreprise.

b) Le but de cet appel téléphonique.

c) Mon discours initial.

d) La première réaction prévue.

e) Ma réponse à cette réaction.

f) La deuxième réaction prévue.

g) Ma réponse à cette deuxième réaction.

h) La troisième réaction prévue.

i) Ma réponse à cette troisième réaction.

L'ATTITUDE

Pendant une conversation téléphonique avec un prospect, il est d'une importance capitale de paraître confiant et de parler avec enthousiasme sans jamais avoir l'air de perdre le contrôle. Il y a un monde de différences entre le réseauteur qui adopte une attitude confiante, authentique et enthousiaste, et celui qui livre un discours ampoulé, superficiel et extravagant qui refroidira l'intérêt du prospect. Certaines personnes possèdent naturellement cette attitude authentique, crédible et confiante qui attire et retient l'attention d'un prospect. C'est nettement un avantage, et on peut faire nôtre cet avantage avec un peu d'entraînement et en présentant notre occasion d'affaires à des prospects qui ont cette attitude.

L'équation de l'attitude idéale

Attitude = confiance totale en vous + confiance totale en votre occasion d'affaires + un discours initial bien formulé et authentique, présenté avec enthousiasme

UN ENVIRONNEMENT PROPICE POUR FAIRE VOS APPELS

Penchons-nous maintenant sur un élément important qui rehaussera votre pouvoir et votre efficacité lorsque vous ferez vos appels. À cet égard, il existe de bons et de mauvais environnements de travail. Le vôtre baigne-t-il dans les cris d'enfants, les aboiements de chiens ou le son du téléviseur à haut volume? Si oui, vous donnerez l'impression que vous manquez de professionnalisme et que vous n'avez pas réussi. Le cadre dans lequel vous travaillez influe grandement sur l'image que vous transmettrez au téléphone. Rappelez-vous que vous cherchez à mettre toutes les cartes de votre côté afin de créer un scénario qui mène au succès.

Récemment, Paul Harvey, l'animateur de radio bien connu, a parlé d'une nouvelle tendance : la tenue vestimentaire décontractée au bureau et le travail à domicile. Il a dit que bon nombre de ses émissions étaient diffusées à partir de son studio à la maison. Il a expliqué que lorsqu'il a commencé à travailler à domicile, il faisait ses émissions en pyjama. Paul Harvey a conclu que cette approche nonchalante ou détendue vis-à-vis de son travail a finalement commencé à transcender le confort et à influer sur son travail. Il a remarqué que la qualité de ses émissions semblait diminuer. Se rendant compte que sa tenue en pyjama était confortable, il en est venu à la conclusion qu'elle l'était trop et que cela avait un impact négatif sur le ton et le professionnalisme de ses émissions.

Maintenant, si ce type d'environnement peut dégrader le niveau de rendement d'un professionnel accompli tel que Paul Harvey, vous comprendrez certainement que les circonstances environnementales peuvent avoir, et auront, un impact sur l'impression que vous donnerez au téléphone. Fixez-vous donc quelques règles de base à cet égard lorsque vous faites vos appels.

Premièrement, il est important de vous habiller de manière à vous sentir comme un professionnel. Si vous doutez du réel impact de la tenue vestimentaire et du sentiment qu'elle vous procure, et plus important encore sur l'impression que vous donnez, faites trois appels vêtu de votre pyjama et puis trois autres vêtu d'une tenue plus formelle. Encore une fois, l'état d'esprit est ici très important. Rappelez-vous que vous êtes le PDG de votre organisation. Comment vous habilleriez-vous pour vous rendre au travail si vous étiez le PDG d'une entreprise multimillionnaire? Si votre tenue vestimentaire fait en sorte que vous vous sentez plus professionnel lorsque vous faites des appels, tirez-en parti.

Deuxièmement, en n'oubliant pas que vous êtes le PDG de votre organisation, examinez l'environnement dans lequel vous allez effectuer vos appels. Ce cadre et son aménagement vous donnent-ils le sentiment d'avoir réussi, ou êtes-vous assis sur votre lit, avec votre chien couché à vos pieds? Il y a de fortes chances que vous projetiez une image différente si vous êtes assis sur votre lit par opposition à être assis derrière un bureau avec, devant vous, un bloc-notes, un stylo et votre liste maîtresse. Vos conversations doivent avoir lieu loin du brouhaha de la vie familiale et du téléviseur, et vous devez faire comprendre à vos enfants que vous travaillez.

Troisièmement, sachez que vos conversations s'amélioreront graduellement. Exercez-vous encore et encore. Analysez après coup chacune de vos conversations en vous demandant: *«Qu'est-ce qui s'est bien déroulé pendant cet appel? Qu'est-ce qui ne fonctionnait pas et qui pourrait rendre le prochain appel plus efficace?»* Demandez à un mentor chevronné d'écouter vos appels ou, mieux encore, demandez-lui d'étudier une bande audio d'une durée d'une heure ou deux sur laquelle vous aurez enregistré tous vos appels. Ne vous faites pas de reproches si vos appels sont imparfaits. Dites-vous que vous êtes un néophyte et acceptez d'être médiocre au début. Donnez-vous le temps de développer les habiletés nécessaires au moyen de la mise en pratique et du perfectionnement, et vous deviendrez plus efficace.

Imaginez la situation suivante. Vous n'avez jamais joué au golf. Vous vous rendez sur le terrain d'entraînement du club de golf et vous prenez trois heures de leçons. Vous poursuivez ensuite votre apprentissage et vous vous entraînez deux fois par semaine. Vous avez décidé de participer au processus d'apprentissage, persuadé que vous vous améliorerez avec le temps grâce aux exercices et à un bon encadrement. Six mois plus tard, vous serez plus compétent tout simplement parce que vous avez joué régulièrement et travaillé votre jeu.

Avec le temps, vous excellerez dans ce que vous faites si vous comprenez que, comme pour toute autre habileté, un individu s'améliore avec l'entraînement et une évaluation constructive. Si vous exercez trop tôt une pression inutile sur vous-même, vous obtiendrez le contraire des résultats que vous souhaitez. Détendez-vous et amusez-vous. Ne vous placez pas constamment dans la mire. Oubliez ce besoin de bien paraître. Concentrez-vous plutôt sur ce cadeau grandiose qu'est l'occasion d'affaires que vous proposez à vos associés éventuels.

Une stratégie d'apprentissage efficace consiste à vous exercer auprès de prospects que vous ne considérez pas comme les meilleurs. Engagez-vous à avoir une à deux douzaines de conversations avec vos associés éventuels de rang C avant de vous tourner vers les plus prometteurs. Communiquez avec vos meilleurs prospects après avoir peaufiné votre scénario. Ce processus vous permettra de vous mettre dans un état d'esprit propice pour faire vos appels. Rappelez-vous que la préparation mène à la confiance, et que celle-ci donne toujours des résultats.

Chapitre 12

EXPOSEZ VOTRE PLAN AVEC PROFESSIONNALISME

Votre taux de réussite en manière de recrutement reposera sur l'efficacité avec laquelle vous présenterez votre plan d'affaires. Si le réseauteur arrive à créer de la valeur en exposant un plan solide, les gens qui sont ouverts à cette possibilité verront comment ils peuvent gagner de l'argent, trouver du temps libre et faire un travail valorisant et amusant.

Il y a quelques subtilités que tout associé aurait avantage à maîtriser avant de présenter le plan d'affaires de son organisation à des associés ou clients potentiels. Pour illustrer ce point, une analogie avec le monde du sport pourrait se révéler utile. Il y a un certain nombre de sports dont la pratique adéquate repose sur d'importantes subtilités. L'un d'eux est le golf, un sport où la taille du joueur importe peu. Un élan de golf est la somme de nombreux détails subtils que la majorité des gens ne maîtrisent jamais.

Prenons l'exemple d'un golfeur qui ne mesure que 1,5 mètre. En le voyant, vous pourriez penser : « *Comment est-il possible qu'il frappe la balle très loin ?* » Mais lorsque vous l'observez en pleine action, vous constatez qu'il manie son club sans effort et qu'il envoie la balle à une distance de 275 mètres. Si vous connaissez un peu la technique, vous réalisez qu'il place ses mains exactement au bon endroit lorsqu'il prend son élan et qu'il fléchit les poignets exactement au bon moment, d'où l'apparente absence d'efforts.

En donnant une incroyable vitesse à la tête de bâton, il est en mesure de frapper la balle avec force et de lui faire parcourir une grande distance, même s'il est de petite taille. Le golfeur professionnel a maîtrisé les aspects subtils de l'élan, garantissant ainsi sa réussite. Il en va de même au baseball. Hank Aaron avait un élan dont la dynamique générait une plus grande vitesse au bâton, ce qui lui a permis de frapper plus de coups de circuit que n'importe quel autre joueur dans l'histoire de ce sport.

Une chose similaire se produit lorsqu'on prononce un discours. Certaines subtilités entrent en ligne de compte lorsqu'il s'agit de capter l'attention de l'auditoire et de susciter son intérêt. On parle ici de synchronisation et de sens de l'à-propos – savoir quand insister sur tel aspect et quand faire une pause. C'est un art que de toucher le cœur de chacune des personnes présentes, de stimuler leurs émotions et de livrer votre message.

Les tâches reliées à la gestion d'une entreprise de marketing de réseau exigent la maîtrise d'une autre série de subtilités. Certaines personnes possèdent tout naturellement les caractéristiques nécessaires pour faire preuve d'efficacité dans le processus de recrutement, alors que d'autres mettront plus de temps à les développer. Ceux qui ne comprennent pas immédiatement ces subtilités éprouveront fort probablement quelques difficultés. C'est en devenant compétent dans la présentation de votre plan d'affaires et des activités de suivi auprès de vos associés éventuels que vous assurerez la croissance de votre entreprise. Ceux qui souhaitent atteindre les plus hauts sommets de la réussite dans cette industrie, et ainsi gagner beaucoup d'argent, doivent maîtriser ces habiletés et leurs subtilités pour deux raisons. Premièrement, il faut y exceller pour persuader les gens de se joindre à nous, et deuxièmement, il faut pouvoir enseigner aux autres à faire de même si l'on veut dupliquer notre succès.

Il y aura également des occasions où la façon dont vous présenterez votre plan n'aura pas d'importance. Votre associé éventuel se trouvera peut-être tout simplement en mode de recherche, et la qualité de votre présentation aura moins d'importance que si votre candidat potentiel était sincèrement prêt à saisir l'occasion d'affaires que vous proposez. Même si vous faites la meilleure présentation de votre vie, si votre candidat potentiel n'est pas prêt à saisir cette occasion et n'est pas ouvert à de nouvelles possibilités, il ne manifestera aucun intérêt.

Fixez donc une attente, un peu comme vous l'avez fait avec certaines des autres habiletés requises pour réussir. Vous ne pourrez pas exposer votre plan avec suffisamment de persuasion à quelqu'un qui ne se trouve pas dans un mode de recherche et, inversement, vous ne pourrez pas l'exposer avec trop d'enthousiasme si un associé éventuel est prêt à saisir l'occasion d'affaires que vous offrez.

Mieux vous comprendrez les subtilités qui entourent la présentation de votre plan, plus vous convaincrez de gens qui, au départ, ne manifestaient aucun intérêt. C'est en recrutant ces gens que vous ferez progresser votre entreprise plus rapidement. Les gens qui amènent les autres à voir la valeur de leur offre, à s'engager et à se mettre au travail auront nécessairement à parler à moins de candidats potentiels pour en recruter davantage.

Maintenant, penchons-nous à nouveau sur la mission, le secteur dans lequel nous évoluons. La plupart des réseauteurs qui ne saisissent pas les subtilités de cette industrie vous diront que leur mission consiste à faire comprendre leur plan de marketing à leurs prospects. Ils veulent que ces derniers comprennent comment ils gagnent eux-mêmes de l'argent et à combien leurs revenus pourraient s'élever. Ils veulent que leurs associés éventuels connaissent tous les détails de leur régime de rémunération. Ils veulent qu'ils considèrent leurs produits à leur juste valeur. Si vous croyez que telle est votre mission, vous aurez probablement de la difficulté à ériger une grande entreprise de marketing de réseau.

Lorsque vous exposez votre plan d'affaires à des candidats potentiels, votre mission devrait être composée de deux volets. Premièrement, découvrez ce que votre candidat potentiel veut dans la vie, et deuxièmement, créez un lien entre ses désirs et ce que vous offrez. Ce concept est d'une telle importance qu'il vaut la peine qu'on insiste, car cette subtilité pourrait bien faire la différence entre un revenu de 500 $ par mois ou une rémunération mensuelle de 50 000 $.

En exposant votre plan, votre mission ne consiste pas à inonder vos candidats potentiels avec des chiffres et des détails. Il importe peu que vous soyez très explicite. Il importe peu que vous exposiez votre plan au moyen de PowerPoint, d'un tableau blanc, d'un tableau à feuilles mobiles ou d'une animation Flash. Vos candidats potentiels ne mémoriseront pas une avalanche de chiffres. Ils n'emmagasineront pratiquement rien de l'information dont vous les inonderez.

Lorsque vous présentez votre plan, il faut comprendre que ce ne sont pas les chiffres ou les détails qui importent, mais bien les gens à qui vous parlez ! Ce qui compte, c'est ce qu'ils veulent. Il s'agit de maîtriser les habiletés de communication pour amorcer une conversation avec quelqu'un dont vous venez tout juste de faire la connaissance et arriver à lui poser des questions telles que : « Que jugez-vous important dans votre vie ? », « Que tentez-vous d'accomplir grâce à votre travail ? », « Quels sont vos rêves, vos buts et vos ambitions ? », « Pour quelles choses seriez-vous prêt à sortir de votre zone de confort et à lutter afin que votre vie vaille la peine d'être vécue ? », « Avez-vous une vision de l'avenir que votre travail actuel ne vous permet pas de concrétiser ? »

Si vous développez les habiletés qui vous permettront de découvrir ce que les autres veulent et de les aider à voir un lien entre leurs désirs et l'occasion d'affaires que vous proposez, vous aurez gagné. Vous serez alors en mesure de créer une grande entreprise de marketing de réseau, car ce n'est pas la raison, mais les émotions qui pousseront les gens à se joindre à vous. Ils jumelleront les désirs de leur cœur, et non pas uniquement ceux de leur tête, à cette occasion d'affaires.

Si vous ne faites appel qu'à leur raison, vous n'obtiendrez qu'une infime portion des résultats comparativement à ce que ce serait si vous faisiez appel à leur cœur. C'est la force motrice qui poussera votre nouvel associé à sortir de sa zone de confort. Lorsque vous arrivez à établir un lien entre les passions de votre nouvel associé et la certitude qu'il réussira s'il vous suit et fait ce que vous dites, celui-ci est gagné à la cause et trouve sa motivation en lui-même !

Que vous connaissiez ou non votre associé éventuel n'a vraiment aucune importance, tant et aussi longtemps que vous arrivez à découvrir ce qu'il veut. Si vous vous contentez de présenter votre plan d'affaires, vous ne recruterez pas le type d'associés que vous voulez dans votre organisation. De plus, ils ne se joindront pas à vous dans l'esprit que vous souhaitez (passionnément motivés et brûlant du désir de réussir) si vous ne développez pas cette méthodologie.

Maintenant, comprenez bien ceci : il n'y a pas de recette miracle qui fonctionne à tout coup. Vous devez vous exercer et tirer un enseignement de vos erreurs. Autrement dit, oubliez l'idée de la perfection au début. Vous êtes un néophyte, et vous apprenez lentement à devenir plus efficace. Vous devrez probablement vous contenter d'être médiocre pendant un certain temps, jusqu'à ce que vous perfectionniez vos habiletés. Vous éprouverez peut-être des difficultés au début et ferez de piètres présentations, mais vous vous améliorerez si vous persévérez.

Ne vous mettez pas en tête de présenter un plan sans faire d'erreurs. Il n'est pas important de connaître tous les chiffres. Il n'est pas important d'être parfait dans tous les aspects de votre présentation. Ce qui est important, c'est de développer l'ensemble des habiletés qui vous permettront de découvrir ce que veut votre candidat potentiel. Entrez dans son monde. Découvrez ce qui compte vraiment pour lui et ce qui manque dans sa vie. Mettez à jour son mécontentement, offrez-lui un moyen de combler les lacunes de sa vie et d'apaiser sa douleur. Ce n'est qu'alors que vous arriverez à établir un lien entre ses désirs et votre offre.

Voici quelques points à ne pas négliger lorsque vous exposez votre plan d'affaires. N'essayez pas d'imposer quelque idée que ce soit à votre candidat potentiel. Connaissez-vous cette citation de Dale Carnegie: « Nous devenons pareils à l'idéal que nous portons en notre cœur » ? C'est également vrai dans notre industrie. La majorité des gens tentent de convaincre leurs candidats potentiels de la valeur de leur offre plutôt que de découvrir ce qu'ils veulent dans la vie. Voyez-vous, il est généralement plus difficile de déceler un besoin que de présenter un plan.

N'importe qui peut s'asseoir et exposer un plan tel un robot. Cela ne nécessite pas un grand talent. Il suffit d'avoir un peu de mémoire et d'être capable de répéter mécaniquement ce que nous avons appris. C'est inonder notre candidat potentiel d'information, et non créer un lien et se mettre dans sa peau afin de découvrir ce qui le séduirait dans notre occasion d'affaires. J'aime mentionner ce qui suit : « Jeanne, avant que je te parle de mon entreprise, de mes produits et de mon occasion d'affaires, acceptes-tu que je te pose quelques questions pour mieux te connaître et déterminer si mon offre te convient ? » Établissez un lien d'amitié, découvrez ce qui est important pour votre associé éventuel et ce qui manque dans sa vie, et faites-lui un cadeau en lui montrant comment vous pouvez l'aider à combler ses désirs.

Tournons-nous maintenant vers une autre règle qui vous aidera à présenter avec succès votre occasion d'affaires à un candidat potentiel. Soyez bref et concis. Lorsqu'on fait une présentation, mieux vaut en dire moins que trop. Certaines personnes parlent pendant une heure, une heure et demie, deux heures. Elles se laissent emporter et discourent sans arrêt, livrant trop d'informations. Après environ 10 ou 15 minutes, surtout si vous n'êtes pas arrivé à engager une réelle conversation avec votre interlocuteur, ce dernier n'entend plus que des paroles confuses. Vous ne faites plus que parler devant lui et il cessera tout simplement de vous écouter. Les lumières pourront être allumées, les chiens pourront aboyer, mais son regard sera voilé et vous vous adresserez à un mur!

Si vous avez parlé pendant 10 minutes sans interruption sans avoir engagé de véritable conversation et sans avoir posé de questions, il subira votre présence, ni plus ni moins. Il pensera à son repas du soir, se demandera à quelle heure son épouse rentrera à la maison ou s'inquiétera de ce qui se passe à son bureau. Il n'attendra que le moment où vous cesserez de lui parler. Votre merveilleuse présentation n'aura aucune valeur tant que vous n'aurez pas engagé une conversation passionnante avec votre interlocuteur, l'amenant ainsi à vouloir en savoir davantage. Voilà la série d'habiletés qui sont nécessaires si vous voulez passer maître dans l'art du recrutement dans votre entreprise.

Alors, combien de temps devriez-vous parler? Une rencontre de 15 minutes avec quelqu'un qui est prêt à saisir l'occasion que vous offrez, et qui comprend certains des principes du succès, pourrait éventuellement se traduire par des milliers de distributeurs dans votre organisation. En établissant des liens et en nouant des relations d'amitié, en découvrant rapidement ce qui est important pour votre candidat potentiel ou ce qui manque dans sa vie que votre offre pourrait combler, et en sachant éveiller son intérêt devant la valeur de votre occasion d'affaires, vous maîtriserez les subtilités sous-jacentes au recrutement efficace. Cela n'a rien à voir avec une prise d'otage.

Inversement, une rencontre de deux heures pendant laquelle votre candidat potentiel vous parlera de ses rêves et de ses désirs peut donner exactement les mêmes résultats. Cela ne dépend pas de la façon dont vous exposez votre plan, mais de la façon dont vous arrivez à établir un lien entre ce plan et les désirs de votre interlocuteur, qu'il soit prêt ou non à saisir l'occasion que vous offrez ou qu'il doive être convaincu.

Voici quelques questions sur lesquelles réfléchir après avoir présenté votre occasion d'affaires à un candidat potentiel. Quelle a été la qualité de votre écoute ? Avez-vous prêté attention à ce qui se disait et à ce qui est demeuré entre les lignes ? Qui a surtout fait les frais de la conversation ? Si vous avez parlé plus de la moitié du temps, vous avez probablement discouru devant votre candidat potentiel et non avec lui.

Les bons auditeurs n'écoutent pas qu'avec leurs oreilles. Ils écoutent avec leur corps, ils écoutent avec leurs mains, et ils écoutent avec leurs yeux. Le contact visuel est extrêmement important lorsque vous faites des affaires. Si vous demandez à un candidat potentiel quels sont ses buts et ses ambitions et, qu'au lieu de regarder votre interlocuteur, vous regardez par la fenêtre des enfants jouant au baseball, vous n'écoutez pas efficacement. Votre candidat potentiel pourra vous ouvrir son cœur, mais votre interaction lui laissera l'impression que vous ne l'avez pas écouté ou que vous ne vous souciez tout simplement pas de ce qu'il a à dire. Écoutez avec davantage que vos oreilles, avec l'intention de faire sentir à votre interlocuteur qu'il a eu toute votre attention.

De plus, soyez attentif à vos manières. Par exemple, si vous êtes en train de faire une présentation et qu'une femme entre dans la pièce, vous lèverez-vous pour l'accueillir ? De simples petits gestes comme celui-ci indiquent aux gens le genre de personne que vous êtes. Pendant que vous faites une présentation, il peut se passer de nombreuses choses qui vont bien au-delà de la divulgation de chiffres. Vous devez faire preuve de crédibilité. Vous devez prouver que vous êtes un professionnel. Vous devez montrer à votre candidat potentiel que vous savez écouter et que vous êtes quelqu'un qu'il aura envie de présenter aux gens qu'il connaît. Bref, vous devez avoir l'air d'un partenaire d'affaires attirant, une personne avec qui les gens auront envie de travailler en partenariat et qu'ils seront fiers de présenter à leur entourage.

Prêtez-vous attention à ce qui est important pour vos associés éventuels ? Regardez autour de vous lorsque vous vous rendez chez quelqu'un pour faire une présentation. En vous attardant aux tableaux et aux objets qui sont dans la maison, vous aurez une idée de ce qui intéresse son propriétaire. Cela vous donnera de quoi alimenter quelques menus propos avant d'aborder ce qui est réellement important pour lui.

Voici une autre question à vous poser lorsque vous faites une présentation : *« Avez-vous fixé un autre rendez-vous ? »* Rappelez-vous que l'objet de chaque rencontre est de faire valoir votre occasion d'affaires de manière à ce que votre candidat potentiel veuille vous revoir. Autrement dit, avez-vous fait avancer les choses, faisant ainsi naître le besoin d'une rencontre de suivi ? Avez-vous créé une attente chez votre associé éventuel à propos de ce qui pourra être accompli pendant cette prochaine rencontre ? Par exemple, vous pourriez dire : « Tom, laissez-moi vous donner une idée de ce qui se passera la prochaine fois. Lorsque nous nous reverrons, je vais vous poser les questions suivantes. »

Lorsque vous tenez ce genre de propos ou que vous fixez un rendez-vous avec un candidat potentiel, regardez-le droit dans les yeux et souriez. On peut dire pratiquement n'importe quoi à quelqu'un lorsqu'on sourit et qu'on a la bonne attitude. Une meilleure façon de faire naître une attente vis-à-vis d'une rencontre ultérieure pourrait être : « Tom, permettez-moi de vous donner une idée de ce dont nous parlerons pendant cette séance de suivi. » Dites-lui : « Êtes-vous prêt à commencer dès maintenant, ou avez-vous encore des interrogations qui pourraient vous empêcher de devenir mon partenaire en affaires ? C'est exactement ce que je vous demanderai la prochaine fois, Tom. » Ainsi, vous préparerez le terrain de manière à ce qu'il ne soit pas surpris par votre question. Et cela lui donnera le temps de réfléchir à sa réponse.

Voici un autre point d'ordre général à considérer lorsque vous avez exposé votre plan. Votre présentation était-elle trop détaillée ? Si tout est allé bon train, que vous aviez mémorisé tous les chiffres, que vous avez abordé les moindres aspects de votre régime de rémunération, si vous connaissez à fond votre sujet, si les mots coulent d'eux-mêmes, c'est du gâteau. Vous pouvez être trop bon et cela pourrait bien intimider votre prospect, qui se dirait: *« Je n'arriverai jamais à mémoriser tout ça et à faire une présentation avec autant d'aisance! »* Si vous connaissez tous les chiffres par cœur et que vous entrez trop dans les détails, vous ferez peur à bien des gens. Ils penseront: *« Ce type est bon, mais jamais je ne pourrai l'être autant. Je ne sais pas si je peux réellement faire ce travail, alors je ne m'engagerai pas. »*

Bien sûr, il n'est pas mauvais de comprendre tous les aspects de votre plan et de votre entreprise. Il vous faudra éventuellement connaître à fond tous les mécanismes de votre plan, de votre entreprise et de votre concept, mais vous pourrez toujours enseigner plus tard cette foule de détails à vos partenaires d'affaires. En les inondant d'informations trop tôt, vous pourrez aisément les intimider. En faisant une présentation trop léchée et détaillée, vous ne donnerez pas le bon exemple, car l'enseignement que vous livrez à vos associés commence dès votre première rencontre. Si vos candidats potentiels pensent qu'ils ne vous arriveront jamais à la cheville, ils pourraient bien décider de ne même pas essayer. Par contre, si vos présentations sont simples et faciles à reproduire, ils sauront qu'ils peuvent réussir dans notre industrie.

Un autre aspect de la présentation de votre plan touche à la ponctualité. Étiez-vous à l'heure? Peu importe qu'il s'agisse d'une conversation téléphonique, d'un appel à trois, d'un rendez-vous à domicile ou d'une rencontre au restaurant, la ponctualité en dit long sur votre intégrité et votre fiabilité. Le fait d'être ponctuel vous donne l'occasion d'exprimer votre professionnalisme en créant une bonne première impression.

Demandez-vous également: *«Ai-je plu à mon associé éventuel?»* Pensez à la première fois où vous exposez votre plan à quelqu'un comme à un premier rendez-vous galant. Vous rappelez-vous ce premier rendez-vous ou le dernier de vos premiers rendez-vous? Vous rappelez-vous à quel point vous souhaitiez faire bonne impression, parce que vous vouliez que l'autre personne vous aime? Vous vouliez que cela soit une expérience positive et mémorable afin que l'autre ait envie de vous revoir.

Eh bien, la première présentation d'un plan d'affaires est exactement comme un premier rendez-vous galant. Votre associé éventuel doit vous aimer, vous faire confiance et souhaiter mieux vous connaître. Il doit croire que vous avez réussi ou que vous réussirez, et que s'il se joint à vous, il pourra connaître le même succès. Oui, votre occasion d'affaires est extraordinaire, mais c'est «vous» qu'il adopte. Le potentiel qu'offre votre organisation ou la qualité de vos produits est réellement secondaire; si votre associé éventuel ne vous aime pas, il ne fera pas affaire avec vous.

De nombreux individus ont besoin d'une documentation crédible pour se sentir à l'aise avec leur décision de se joindre à vous. C'est pourquoi il est important de leur laisser du matériel de qualité (ou de leur suggérer de consulter un site Web conçu avec professionnalisme) afin qu'ils puissent se renseigner sur votre entreprise, votre gamme de produits et l'occasion d'affaires que vous leur proposez. À leurs yeux, il est beaucoup plus important d'être en mesure de consulter cette documentation après votre départ que de comprendre le concept tout entier lorsque vous en faites la présentation.

Rappelez-vous qu'en amorçant ce processus, vous aviez la mission de déceler les désirs de votre candidat potentiel et de créer un lien entre ses désirs et votre occasion d'affaires. Vous pouvez lui laisser une documentation produite avec professionnalisme, ainsi que du matériel audio et vidéo, (afin d'induire chez lui une décision librement consentie) pour achever de le convaincre qu'il se joindra à la bonne entreprise et qu'il saisira la bonne occasion d'affaires. Votre matériel de suivi pourrait bien faire référence à des sites Web particuliers. Peut-être votre entreprise a-t-elle son propre site dont les données peuvent être reproduites, utilisées et personnalisées par vos nouveaux distributeurs afin d'appuyer leurs efforts dans la création de leur propre organisation.

Ne vous fiez pas uniquement au matériel produit par votre entreprise pour vous aider à faire vos présentations. Tournez-vous également vers des sources indépendantes. Lisez des magazines et des journaux d'affaires spécialisés, et tenez-vous au courant des dernières nouveautés en matière de réseautage de manière à mieux convaincre les gens qui souhaitent prendre en main leur avenir financier. Cherchez des articles qui appuieront vos affirmations pendant votre présentation. Peut-être trouverez-vous des articles portant sur le taux de chômage élevé ou l'absence de réelle sécurité d'emploi dans le monde du travail actuel.

Mettez-les de côté et offrez-en un exemplaire à vos associés éventuels. Soyez toujours à la recherche d'information indépendante pour appuyer votre cause. En présentant une information crédible qui rehausse la réputation, l'intégrité de votre entreprise et la nature extraordinaire de vos produits, et en la complétant avec du matériel provenant d'autres sources très sérieuses, vous ferez en sorte que votre candidat potentiel juge sage sa décision de devenir membre de votre organisation.

Une autre stratégie qui aidera votre candidat potentiel à prendre une décision consiste à faire participer son conjoint à la présentation de votre plan, car le couple pourra alors examiner votre offre ensemble. Même si vous avez eu une magnifique rencontre avec l'un des conjoints et qu'il s'est montré très enthousiaste, il y a de fortes chances que, de retour à la maison, il se heurte à l'opposition de son partenaire de vie qui n'a pas assisté à votre présentation. Cela arrive très souvent, car ils n'ont pas tous les deux entendu une personne compétente leur parler de cette occasion d'affaires et réfuter leurs objections.

Personne ne peut vendre votre occasion d'affaires mieux que vous. Dans un monde idéal, vous exposeriez votre plan aux deux conjoints en une seule séance. Malheureusement, ce n'est pas toujours possible, et il arrive que, la plupart du temps, vous fassiez votre présentation à l'un des deux conjoints seulement. Si c'est le cas, invitez les deux parties à participer à une rencontre de suivi.

Lorsque vous faites une présentation, ayez comme objectif de faire naître une attente chez votre associé éventuel à propos d'un rôle de leadership imminent au sein de votre organisation. La façon dont vous considérez vos futurs associés aura certainement une incidence sur le rôle qu'ils imagineront jouer un jour dans votre entreprise. Si vous les traitez dès le début comme des leaders, ils auront davantage tendance à se considérer et à agir comme tels.

Examinons maintenant ce qui est, en gros, une excellente présentation. Vous écouterez, vous poserez des questions, vous découvrirez ce que désire votre candidat potentiel dans le but de faire naître la certitude dans son esprit (ou du moins un espoir, au début) que ses aspirations sont réalistes. Faites-lui comprendre qu'il pourra assumer un rôle de leadership en disant : « Si vous avez compris quelque chose à ce que je viens de vous dire, vous avez compris le concept. Cela a trait à la duplication. Maintenant, on peut le faire avec brio, ou de façon médiocre. Je veux vous aider à exercer cette duplication dans votre organisation afin que vous tiriez le meilleur parti de vos efforts. Je sais que vous êtes occupé, je sais que vous n'avez pas beaucoup de temps à perdre, et c'est pourquoi je vais vous enseigner à devenir un leader qui saura inspirer les gens à faire équipe avec vous.

« Dans l'univers du marketing de réseau, nos revenus dépendent de notre aptitude à créer des leaders. Je vous invite à affirmer dès le début que vous êtes un leader dans cette industrie. Si vous décidez de vous joindre à notre entreprise, ce sera également la vôtre et vous en serez le propriétaire. Je vais vous guider tout au long d'une période de formation qui vous donnera une confiance phénoménale en votre habileté à réussir comme réseauteur. Si je peux y arriver avec vous, vous pourrez faire de même avec d'autres personnes. Vos associés suivront alors votre exemple et vous imiteront.

« Donc, si vous voulez créer des leaders qui seront capables d'ériger une grande organisation, il faut que vous soyez vous-même un leader. À la longue, votre organisation comptera de nombreux leaders. Supposons que vous souhaitiez voyager pendant 6 à 12 mois d'affilée et faire le tour du monde. Vous voulez que vos enfants découvrent ces choses que les autres enfants ne voient que dans des livres. Vous pourrez le faire si vous établissez une base de leadership dans votre organisation. Cependant, vous devez d'abord devenir un leader vous-même. C'est ce qui inspirera les membres de votre entourage à assumer eux aussi un rôle de leadership. »

Voici un autre point extrêmement important : À l'ère du réseau Internet, vous avez la possibilité de communiquer instantanément avec les autres et d'effectuer un suivi. Assurez-vous de demander son adresse électronique à votre candidat potentiel de manière à avoir avec lui une correspondance de suivi professionnelle. Rappelez-vous que vous voulez vous distinguer de la masse de toutes les façons possibles. Un courriel de suivi, envoyé en temps opportun pour remercier votre candidat potentiel de son intérêt, résumer l'entretien que vous avez eu et lui dire que vous attendez avec impatience la prochaine étape, laisse une excellente impression en ce qui a trait à votre professionnalisme et votre compétence.

Pensez au scénario idéal dans lequel vous exposeriez votre occasion d'affaires à un nouveau candidat potentiel. Pendant la rencontre, vous êtes très détendu, vous êtes vêtu de façon appropriée, vous êtes ponctuel, vous avez brisé la glace en échangeant de menus propos, et vous avez engagé la conversation de manière à mettre votre interlocuteur à l'aise. Peu après, vous faites une transition en disant quelque chose comme : « Avant de vous parler de notre entreprise, de nos produits et de l'occasion d'affaires que j'ai à vous proposer, j'aimerais vraiment vous connaître un peu mieux afin de voir si cela correspond à vos aspirations. Puis-je vous poser quelques questions afin de mieux comprendre ce qui est important dans votre vie ? Parlez-moi un peu de vous et de ce que vous aimeriez accomplir, et dans quels délais vous aimeriez vraiment y arriver. »

En amorçant ainsi la conversation, vous amenez votre associé éventuel à se confier à vous, à dévoiler sa personnalité et ce qui est important pour lui. Au début, il fait probablement les frais de la majeure partie de cette conversation et vous écoutez. Vous vous penchez vers lui et vous hochez la tête. Vous souriez et vous l'invitez du regard à continuer. Il se rend compte que vous le traitez comme si ses désirs étaient importants.

Alors qu'il se confie à vous, vous lui demandez de vous en dire davantage sur ce qui l'intéresse. Posez des questions sincères qui vous permettront de mieux le connaître, d'apprendre ce qui est important pour lui et ce qui manque dans sa vie. Ensuite, dites quelque chose comme : « Merci de m'avoir parlé de vous. Cela m'aide vraiment et je pourrai ainsi voir avec vous si notre entreprise vous convient. Voulez-vous que je vous résume brièvement notre occasion d'affaires ? »

En quelques phrases, expliquez en quoi consistent votre entreprise, votre gamme de produits et l'occasion de générer des revenus qu'ils représentent. Parlez de la valeur d'un revenu d'appoint, expliquez le fonctionnement du modèle de la progression géométrique (quatre qui en recrutent quatre, qui en recrutent quatre, qui en recrutent quatre, est un bon exemple). De plus, expliquez comment vos efforts combinés (si votre associé éventuel décide de travailler en partenariat avec vous) consisteront à trouver et à parrainer efficacement quatre autres distributeurs de manière à ce que, lui, en tant que nouveau leader puisse réussir.

Répondez à toutes ses questions, laissez-lui une documentation produite avec beaucoup de professionnalisme, et fixez une rencontre de suivi dans les 24 à 48 heures suivant l'entretien initial. Donnez-lui une idée des questions que vous lui poserez alors, et laissez-lui entendre que vous espérez qu'il devienne un leader – non pas uniquement quelqu'un qui s'engagera, mais quelqu'un qui développera les habiletés requises pour devenir un rassembleur efficace et prospère.

Dites-lui que vous vous engagerez envers sa réussite personnelle s'il se joint à votre entreprise. Dites quelque chose comme: « Si vous décidez de vous joindre à notre équipe, je m'engage à travailler avec vous à titre de partenaire, à vous former, à vous épauler et à vous montrer exactement ce qu'il faut faire pour réussir dans cette industrie. Ensuite, je travaillerai main dans la main avec vous pour que vous réussissiez, en y mettant la même volonté que vous. » Vous effectuez ensuite un suivi au moyen d'un courriel bien rédigé. En faisant votre présentation avec professionnalisme et en effectuant un suivi en temps opportun, vous vous distinguez de la masse.

Voici un exemple de courriel que vous pourriez envoyer à un candidat potentiel. Il n'est pas nécessaire qu'il soit identique, mais il vous donnera une bonne idée du genre de message qui fera une énorme différence aux yeux de votre distributeur éventuel. Rappelez-vous de vous mettre dans sa peau. Imaginez que c'est vous qui recevez ce courrier électronique et pensez aux émotions qu'il ferait naître en vous.

Tom, je tiens à vous remercier pour votre accueil chaleureux hier soir. C'est toujours un plaisir pour moi de partager la passion que m'inspire notre occasion d'affaires avec des gens qui ont des rêves et des buts. J'attends impatiemment notre prochaine rencontre à 14 heures, mardi, à votre domicile.

Je vous invite à réviser le matériel que je vous ai laissé hier afin que nous tirions le meilleur parti de notre prochain entretien. Je vous prie d'excuser mon optimisme, mais je suis réellement enthousiaste à l'idée de travailler éventuellement avec vous. Je vous ai réservé une heure de manière à pouvoir répondre à toutes vos questions.

Avec mes plus chaleureuses salutations,

John

Vous sentiriez-vous bien si vous trouviez un tel message dans votre boîte aux lettres électronique ? Ne penseriez-vous pas que vous avez affaire à quelqu'un qui a de la classe, quelqu'un avec qui vous aimeriez travailler en partenariat ?

Pour en revenir à l'idée formulée au début de ce chapitre, avez-vous changé d'avis à propos de ce qu'il faut faire pour exposer votre plan avec succès ? Exposer votre plan, ce n'est pas tenter de séduire vos candidats potentiels avec tous les détails que vous aurez pu rassembler sur votre régime de rémunération en faisant un numéro superficiel et enjôleur. Il ne s'agit pas d'être brillant, mais de faire preuve de bon sens. Il ne s'agit pas d'être parfait, mais de faire preuve d'efficacité. Il ne s'agit pas de mettre l'accent sur vous, mais sur eux.

Globalement, votre efficacité comme présentateur repose sur votre habileté à amener une personne dont vous venez de faire la connaissance à vous confier ce qu'elle souhaite accomplir dans la vie. Autrement dit, comment utilisez-vous vos habiletés de communication pour découvrir quelles sont les aspirations des autres pour ensuite leur expliquer comment vous pourriez les aider à atteindre leurs buts ?

La réponse repose dans l'utilisation du langage de la permission et dans le perfectionnement de vos habiletés de communication. On peut dire pratiquement n'importe quoi à n'importe qui si on lui en demande d'abord la permission. Vous accroîtrez votre efficacité personnelle en apprenant à poser des questions sincères. Ne posez pas de questions uniquement dans le but de meubler la conversation. Posez des questions parce que vous souhaitez réellement mieux connaître votre interlocuteur. Les gens sauront si vous êtes franc, et ils sauront si vous feignez de vous intéresser à eux et de les manipuler afin d'atteindre des buts personnels.

Il est également important d'engager la conversation en échangeant de menus propos qui vous permettront d'entrer dans le vif du sujet ou de faire une transition vers votre présentation. Par exemple : « Tom, que faites-vous dans la vie ? C'est fantastique, et depuis combien de temps exercez-vous cette profession ? Votre travail vous passionne-t-il toujours autant ? » Un bon énoncé de transition pourrait être : « Croyez-vous en la diversification des sources de revenus, c'est-à-dire à ne pas mettre tous ses œufs dans le même panier ? » Typiquement, les gens répondront par l'affirmative.

Avez-vous entendu parler de Robert Kiyosaki ou de Robert Allen, des experts financiers qui traitent de la création de sources de revenus multiples ? »

En ayant recours à un langage qui vous amènera tout naturellement à demander à votre client potentiel s'il souhaite devenir votre associé, vous donnerez le ton et vous arriverez probablement à le convaincre de la valeur de votre offre. Ne vous évertuez pas à poser des questions dans le but de pousser votre candidat potentiel à réfléchir davantage, mais commencez en disant sans détour : « Tom, avec votre permission, j'aimerais vous poser une question très directe. Je sais que nous nous connaissons seulement depuis quelques minutes, mais je vais vous poser une question que l'on m'a déjà posée, et c'est l'une des plus importantes questions que l'on m'ait adressée. Si vous ne voulez pas y répondre, je ne vous en tiendrai pas rigueur. Sachez toutefois que cette question a littéralement changé ma vie et, avec votre permission, je vais vous la poser à mon tour. »

Après avoir obtenu la permission de Tom, vous poursuivez : « C'est fantastique, merci. Voici ma question : “Y a-t-il des rêves, des buts ou des ambitions dont vous et votre conjointe n'arrivez pas à voir la concrétisation dans les délais que vous souhaiteriez ?” » Faites une pause, et puis dites : « Attendez, ne me répondez pas tout de suite. Je vous ai posé cette question pour une raison bien précise. Lorsqu'on me l'a posée, cela m'a secoué et poussé à réfléchir. J'ai examiné ma situation et puis j'ai défini celle dans laquelle j'aurais souhaité me trouver. Cela m'a fait réaliser qu'il y avait un monde entre les deux. Et je me suis demandé si ce que je faisais allait me rapprocher de mon but ou plutôt m'en éloigner.

« Alors, quand on m'a posé cette question quelque peu ennuyeuse, je n'ai pas répondu immédiatement et j'ai réfléchi. C'était une bonne question. Et je pense encore aujourd'hui que c'est une bonne question, Tom. La voici de nouveau : "Votre conjointe et vous avez-vous des rêves, des buts et des ambitions pour votre famille en ce qui a trait à l'argent, au temps, aux voyages et à la liberté, et que vous n'arrivez pas à concrétiser aussi rapidement que vous le souhaiteriez ?" » Gardez ensuite le silence et écoutez attentivement. Généralement, Tom se confiera à vous si vous avez réussi à créer une atmosphère qui l'incite à vous dire la vérité à propos de sa vie.

Les mêmes règles s'appliquent lors de conversations téléphoniques. Mais, dans la mesure du possible, tentez d'exposer votre plan en personne, car le contact direct donne lieu à une formidable dynamique. Au téléphone, le contact visuel n'existe pas, vous ne pouvez pas être le témoin direct des émotions de votre prospect, vous ne pouvez pas le voir se pencher vers vous, et une majeure partie de la dynamique comportementale sur laquelle reposent les relations humaines ne s'installe pas aisément d'un bout du fil à l'autre.

Néanmoins, les mêmes règles s'appliquent, que vous exposiez votre plan au téléphone ou que vous invitiez votre prospect à visionner une animation Flash sur votre site Web dans le but de lui faire connaître votre occasion d'affaires. Par contre, si vous vous contentez d'une animation Flash sans avoir préalablement décelé ce qui est important pour votre prospect ou ce qui manque dans sa vie pour ensuite établir un lien entre ses désirs et votre offre, vous ne ferez que l'inonder d'informations purement rationnelles. Celles-ci ne toucheront pas son cœur et ne le pousseront pas à faire ces grandes choses que vous voulez que fassent les leaders dans votre organisation.

Bien entendu, l'exception confirme la règle. Mais vous ne devez pas perdre de vue que vous voudrez toujours maximiser votre efficacité lorsque vous présenterez votre occasion d'affaires à des associés éventuels. Soyez conscient que votre présentation est un enseignement qu'ils dupliqueront. Si vous vous contentez de les initier à votre entreprise en leur proposant une animation Flash ou la consultation de votre site Web, c'est exactement ce qu'ils feront plus tard avec leurs propres candidats potentiels.

Rappelez-vous que ce n'est pas une compréhension strictement intellectuelle qui alimentera la motivation de vos nouveaux distributeurs et leur volonté d'assumer un rôle de leadership. L'industrie du marketing de réseau (comme la majorité des entreprises qui connaissent la prospérité) est une voie pavée d'innombrables défis. Si vous n'êtes pas émotionnellement déterminé à surmonter tous les obstacles qui se dresseront devant vous, l'intellect à lui seul ne suffira pas à alimenter votre motivation.

Chapitre 13

LE POUVOIR D'UN SUIVI EFFICACE

Les leaders qui ont réussi dans l'industrie du marketing de réseau sont nombreux à affirmer que la fortune réside dans le suivi. Trop souvent, les réseauteurs négligent cette étape, supposant que les prospects à qui ils ont exposé leur plan ne sont pas intéressés. Ou peut-être font-ils l'erreur d'attendre un appel, se disant que ces individus communiqueront certainement avec eux s'ils sont intéressés. (C'est rarement le cas, même de la part d'un prospect que votre occasion d'affaires attire beaucoup!) Les réseauteurs qui réussissent ont tous pris l'habitude d'effectuer un suivi assidu (jusqu'à ce qu'ils obtiennent un « oui », un « non », ou un « peut-être plus tard »), continu (jour après jour), et au moment opportun (conversations prévues à l'avance et devant avoir lieu peu après la rencontre de prospection initiale).

Voyons maintenant plus en détail ce processus de suivi extrêmement important. Un suivi efficace commence dès que vous quittez votre associé éventuel. Faites toujours avancer les choses en fixant un rendez-vous de suivi avant de terminer votre présentation initiale. Prenez le temps de noter l'adresse électronique de votre associé éventuel et faites en sorte que votre attitude reflète votre professionnalisme. Donnez-lui une idée de la teneur de cette rencontre de suivi et dites-lui que vous lui parlerez de la possibilité de devenir un leader. Il abordera ainsi la prochaine étape avec une plus grande ouverture d'esprit.

Donc, encore une fois, c'est lors de ce premier entretien au cours duquel vous présentez votre occasion d'affaires que vous préparez le terrain pour une rencontre de suivi efficace avec votre prospect. À l'issue de cette rencontre, vous deviendrez son parrain s'il a été séduit par votre offre et vous vous engagerez à l'aider à concrétiser ses rêves et à atteindre ses buts, ou bien vous en ferez un client très satisfait qui reconnaîtra les avantages de vos produits. De plus, votre client potentiel pourrait vous communiquer le nom d'autres excellents candidats à la suite d'une simple demande de votre part.

Après avoir fait un certain nombre de présentations et de rencontres de suivi, vous réaliserez que les interrogations de vos candidats potentiels ne portent que sur 20 à 30 sujets. Si vous vous y adonnez pendant 6 mois d'affilée, vous constaterez que vous êtes apte à répondre efficacement à pratiquement n'importe quelle question, préoccupation ou objection que vos associés éventuels pourraient soulever. Occasionnellement, vous devrez faire face à des questions pièges, mais en règle générale, vous aurez entendu toutes les questions et toutes les objections après avoir fait des présentations pendant au moins 6 mois.

Lorsque quelqu'un vous pose une question au sujet de notre industrie, répondez en disant quelque chose comme: « C'est une bonne question. Permettez-moi d'y répondre franchement. » Ou vous pourriez dire : « Je me suis posé la même question au début », ou : « Saviez-vous que c'est la question que j'entends le plus souvent ? » Encore une fois, c'est votre attitude qui fait en sorte que votre interlocuteur exprime ses questions et ses objections. Vous accueillez favorablement ses réactions et vous voulez qu'il formule sans réticence ses interrogations et ses préoccupations, mais vous souhaitez également qu'il sente que vous pouvez y répondre sans aucune hésitation.

Faites comme si cette rencontre de suivi était le prolongement de votre premier rendez-vous galant. Votre interlocuteur vous fait passer un examen ; il évalue votre degré de professionnalisme. Dans l'hypothèse où il se joindrait à votre organisation, il veut savoir s'il pourrait la recommander (et vous recommander) aux êtres qui lui sont chers. Il vous met en quelque sorte à l'épreuve. Vous devez être capable de prouver votre valeur, ainsi que les aptitudes et les compétences qui garantiront sa réussite.

Si votre premier rendez-vous s'est révélé prometteur, vous ne tarderez pas à en fixer un deuxième et vous veillerez à ce qu'il se déroule encore une fois de façon professionnelle. Par la suite, vous poserez la question suivante : « Tom, notre nouvelle relation me remplit d'enthousiasme. Je crois que vous êtes une personne exceptionnelle. J'aimerais vous parrainer et travailler en partenariat avec vous dans mon entreprise de marketing de réseau. Votre réussite me tient à cœur. Êtes-vous prêt à commencer ? »

Cette question est l'aboutissement, la conclusion visée à l'issue de ce processus composé de deux rencontres avec votre candidat potentiel. Cependant, n'oubliez pas qu'il arrive parfois que la rencontre de suivi ne vous permette pas de poser cette question, faute de temps. Un autre entretien peut se révéler nécessaire si votre candidat potentiel a encore des interrogations, des préoccupations ou des objections à formuler, ou encore s'il souhaite procéder à une vérification avant de prendre une décision.

Il est parfois avantageux d'inviter votre associé éventuel à assister en tant qu'auditeur à une conférence téléphonique. Vous devez savoir créer l'occasion propice pour poser cette question, mais vous devez aussi faire preuve de jugement quant au moment de la formuler. C'est exactement comme lors d'un rendez-vous galant : il y a un moment pour chaque chose. Vous devez vous fier à votre instinct pour déterminer si votre candidat potentiel est prêt à aller de l'avant, ou bien s'il vous faut lui donner davantage d'informations ou lui brosser un tableau d'ensemble de l'industrie.

L'aptitude à effectuer un bon suivi est l'une des meilleures habiletés que vous puissiez développer. C'est toutefois une habileté qui fait appel à de nombreuses subtilités. C'est la maîtrise de ces subtilités qui fait toute la différence entre une simple participation et d'énormes revenus. Dans l'univers du marketing de réseau, il est capital de maîtriser les habiletés suivantes : constituer une liste de candidats potentiels, communiquer avec eux et les inviter à une présentation, exposer notre plan d'affaires, effectuer un suivi efficace, former de nouveaux associés, et créer des leaders. La croissance de votre entreprise sera proportionnelle à la maîtrise avec laquelle vous exposerez votre plan d'affaires et effectuerez vos séances de suivi.

N'oubliez pas que votre réussite sera tributaire de votre habileté à générer la duplication de ce que vous maîtrisez ; vous serez toujours un exemple à suivre pour vos associés éventuels et vos nouveaux distributeurs. En excellant, vous leur enseignez l'excellence ; en étant médiocre, vous leur enseignez la médiocrité. Donc, si vous atteignez des sommets, il est fort probable qu'ils fassent de même. En vous dupliquant efficacement, vous établirez les bases d'une entreprise de marketing de réseau très prospère.

Chapitre 14

INITIEZ CORRECTEMENT VOS ASSOCIÉS : UN RÉSUMÉ

Une entreprise de marketing de réseau prospère commence par un rêve. Pas n'importe quel rêve, mais un rêve qui vous remplit d'enthousiasme et qui vous motive. Avant de vous engager sur la voie qui fera de votre rêve une réalité, rappelez-vous une chose. La vie n'est pas parfaite, le marketing de réseau n'est pas parfait, et vous ne recruterez pas de gens parfaits. Cependant, si vous vous engagez avec l'intention de concrétiser un grand rêve, vous vous en rapprocherez beaucoup plus que si vous n'entreteniez pas en esprit la vision d'un résultat idéal.

Revoyons le processus permettant d'initier correctement de nouveaux associés en faisant une récapitulation du scénario idéal. Bien que cette personne n'existe pas, imaginez juste un instant que l'associé parfait fasse partie de votre entreprise de marketing de réseau. Imaginez que vous avez investi le temps nécessaire et formé ce nouveau bâtisseur en abordant avec lui tous les aspects du réseautage. Bien entendu, vous avez fait valoir très tôt dans votre relation que cet associé assumerait un rôle de leadership dans la croissance de l'entreprise. Votre nouvel associé était conscient qu'une certaine période de temps serait consacrée à la formation, mais qu'il volerait finalement de ses propres ailes.

Imaginez que cet individu ou un couple, que vous avez correctement formé, fixe maintenant des rendez-vous à des gens qui souhaitent réussir. Votre nouvel associé se constitue une importante liste de prospects, en suivant à la lettre le processus que vous lui avez enseigné. Il inscrit sur cette liste le nom de toutes les personnes qu'il connaît et dont il a entendu parler, en n'omettant personne. Il élague ensuite sa liste et entreprend tout d'abord de communiquer avec ceux qui veulent réussir, en axant ses activités de prospection sur une attitude qui laisse entendre : « Si vous acceptez d'être encadré, si vous êtes motivé et si vous acceptez de suivre un système éprouvé qui peut être dupliqué, j'aimerais beaucoup faire équipe avec vous et vous guider vers la réussite. J'adorerais travailler avec vous, mais je n'y tiens pas désespérément, car je sais qu'il y a infiniment de gens dans le monde qui seraient heureux de saisir cette chance de devenir mes partenaires en affaires et, ainsi, de réaliser leurs rêves. »

Votre nouvel associé participe à des jeux de rôle avec vous avant de commencer à faire des appels téléphoniques, de manière à développer les habiletés nécessaires pour recruter de grands bâtisseurs en devenir qui n'attendent que cette invitation. Vous exposez votre plan et votre occasion d'affaires au premier de ces distributeurs éventuels, et votre nouvel associé est tellement enthousiaste qu'il dit : « Laissez-moi faire ! » Vous lui en donnez la permission et il réussit à faire une présentation brillante. Il se montre fidèle à sa mission en présentant l'occasion d'affaires, se rappelant que la présentation du plan comporte deux volets. Le premier consiste à découvrir les désirs du candidat potentiel, et le deuxième est de créer un lien entre ces désirs et l'occasion d'affaires qu'il lui propose. Votre nouvel associé le fait merveilleusement bien. Non seulement le fait-il merveilleusement bien, mais il fixe un rendez-vous de suivi qui aura lieu 48 heures après la présentation initiale du plan d'affaires. Il réussit également à faire naître une attente dans l'esprit du client potentiel.

Peu après leur rencontre, il a envoyé un courriel rédigé avec beaucoup d'élégance à l'éventuel nouveau membre de son équipe, confirmant la séance de suivi et lui disant à quel point il avait aimé leur conversation. Par surcroît, il a ajouté qu'il était impatient de le revoir et de répondre à ses questions ou préoccupations afin de l'aider à prendre une excellente décision d'affaires.

De plus, imaginez que l'associé que vous avez formé à effectuer toutes ces tâches réalise également des séances de suivi réussies. Il s'assit avec son prospect et lui dit: « Écoutez, je suis réellement enthousiaste à l'idée de faire affaire avec vous. Avez-vous des questions ou des préoccupations qui vous empêchent encore de vous engager en tant que propriétaire d'entreprise et à travailler avec nous? J'aimerais y répondre dès maintenant. »

La rencontre de suivi se déroule incroyablement bien, et l'associé éventuel et son conjoint disent finalement: « Comptez sur nous; nous sommes excités à cette idée, nous comprenons qu'il s'agira de notre propre entreprise et nous avons hâte de prendre l'entière responsabilité de notre réussite. Nous comprenons que nous devrons assumer un rôle de leadership et nous savons que nous devrons entreprendre une période de formation. Nous voulons apprendre le fonctionnement de votre système et ériger notre entreprise en enseignant à d'autres la façon de reproduire notre succès. »

Ensuite, votre associé les initie parfaitement à l'industrie. Il leur apprend tout ce qu'ils doivent savoir de votre gamme de produits, de leur utilisation, du processus de commande, etc. Il leur explique les étapes qui constituent le système de l'équipe pouvant être dupliqué et les font participer à un programme de leadership. Il aide ses nouveaux distributeurs à dresser de longues listes de candidats potentiels et à ensuite les élaguer de manière à établir les associés éventuels les plus prometteurs, ceux qu'ils choisiraient pour former leur conseil d'administration. Autrement dit, votre associé fait exactement ce que vous lui avez enseigné, de la façon qui représente le gage de succès le plus sûr.

Ce scénario de rêve n'est pas nécessairement un fantasme si vous mettez en place la dynamique appropriée. Pour faire une réalité de cette séquence rêvée, vous devez comprendre un principe très important à propos de la duplication, un principe qui devrait être très évident pour vous. Les habiletés professionnelles dont vous devez faire preuve devant vos nouveaux associés (telles qu'établir un contact et effectuer un suivi) sont exactement celles qu'ils apprendront et enseigneront à leur tour. L'exemple que vous donnez deviendra le paradigme que vous créerez dans l'esprit de vos prospects. La toute première chose qu'ils apprennent est ce qu'ils vous voient faire. Si vous voulez que les associés de vos rêves fassent partie de votre équipe, c'est vous, le premier, qui devrez être cet associé de rêve.

Voici un autre exemple. Si vous survolez une maison à bord d'un hélicoptère et que vous laissez tomber des feuillets portant le message suivant: «J'ai une offre formidable à vous faire!», et que vous attendez ensuite que les gens vivant dans cette maison vous appellent, vous venez de leur enseigner à établir un contact et à effectuer un suivi. Ils estiment qu'étant donné qu'ils ont reçu un dépliant et téléphoné, c'est ce qu'il convient de faire pour poursuivre ce processus de contact et de suivi.

Après tout, c'est ce qu'ils vous ont vu faire, et pourquoi ne supposeraient-ils pas que vos actes sont un modèle à imiter? Si vous espérez créer une organisation composée de gens qui gèrent leurs affaires avec professionnalisme et conformément aux principes de votre programme, vous devez donner l'exemple.

Penchons-nous maintenant sur les aspects auxquels vous devez prêter attention lorsque vous initiez un nouvel associé à notre industrie. Les paragraphes qui suivent traitent de ces divers aspects et des étapes requises si vous voulez que votre associé prenne un bon départ.

Premièrement, vous voudrez lui enseigner tout ce qui a trait à vos produits. On peut être le meilleur leader du monde, mais si ce leadership ne sert pas à utiliser, à recommander et à vendre vos produits, personne n'en sortira gagnant. Non seulement, lui expliquerez-vous en quoi ils consistent, quels sont leurs avantages et leur utilisation, et ce qui les rend spéciaux et attrayants, mais vous insisterez sur le fait que chacun de vos associés se doit également de devenir un produit de ses produits. Vous voudrez lui enseigner comment commander ces produits en respectant la procédure de commande et d'exécution établie par votre entreprise.

La meilleure tactique consiste à enseigner ce processus à la personne qui est normalement responsable des achats du foyer de votre associé. Traditionnellement, il s'agit de l'épouse, mais il est toujours préférable de poser la question pour vous en assurer. Ne supposez pas qu'elle devinera cette procédure. Enseignez-lui exactement ce que vous voulez qu'elle fasse et la manière de l'enseigner à d'autres. Rappelez-vous le processus de formation en trois étapes. Faites-le pour votre associé, laissez-le ensuite accomplir les tâches sous votre supervision, et puis laissez-le naviguer en solo. Il en va de même pour chacun des aspects reliés à vos activités.

Si votre entreprise offre des produits ou des services pouvant générer un volume de ventes donnant droit à des bonis, prenez le temps d'en expliquer clairement le concept à votre nouvel associé. Si ce concept est propre à votre entreprise, faites comprendre à vos distributeurs qu'un certain volume de ventes est exigé pour tous vos produits, ainsi que le lien existant entre ce volume de ventes et les revenus qu'ils pourront toucher. Il est important qu'ils comprennent la valeur et les avantages d'une utilisation dynamique des produits.

Deuxièmement, vous voudrez enseigner toutes les ficelles de la vente à vos nouveaux associés. En fin de compte, chaque membre de votre organisation doit vendre vos produits. Certains nouveaux venus dans l'industrie pourraient penser : « Je ne vendrai pas, mais je m'assurerai que les autres vendent à ma place. » Encore une fois, prêchez par l'exemple. Vos distributeurs suivront le mouvement, et si vous ne vendez pas, ils ne vendront pas non plus.

Si vous vous constituez une clientèle dans le but de présenter votre occasion d'affaires, avez-vous une idée de ce qui arrivera? Tous vos nouveaux associés feront valoir vos produits parce que vous leur avez enseigné à le faire. Si vous donnez l'exemple en trouvant au moins 10 clients, et que votre organisation compte un millier de distributeurs qui ont 10 clients chacun, vous aurez 10 000 clients en tout. Pensez au volume que cela pourrait représenter chaque mois. Mais avant que cela ne devienne réalité, vous devez donner l'exemple.

Troisièmement, la formation d'un nouvel associé a trait au matériel promotionnel que vous utilisez pour faire connaître votre occasion d'affaires et pour effectuer la présentation elle-même. Qu'il s'agisse de vidéos, de brochures, de cassettes audio, de CD, de sites Web ou d'animations Flash, votre nouvel associé doit se sentir à l'aise lorsque vient le moment d'en faire la présentation.

Nombreux sont les réseauteurs qui privilégient le modèle des réunions à domicile. Un grand nombre d'entre eux se servent de leurs produits pour présenter leur occasion d'affaires à des candidats potentiels. Il s'agit d'une technique parfaitement acceptable qui peut être aisément dupliquée. D'autres encore mettent l'accent sur la possibilité de générer un revenu résiduel et partent à la recherche de candidats potentiels qui souhaitent gagner de l'argent. C'est également une excellente technique qui est aisément reproductible.

Enseignez à vos nouveaux associés à faire des appels téléphoniques au cours desquels ils fixeront un rendez-vous pour effectuer une présentation. Enseignez-leur ce qu'il faut dire et ne pas dire. Expliquez-leur quel est le but de ces appels. Au départ, leur but n'est pas de présenter le plan d'affaires. Ils souhaitent plutôt entretenir une relation qui existe déjà ou créer de nouveaux liens. Ils visent généralement à fixer un rendez-vous en personne avec un candidat potentiel qui vit dans la région de manière à faire passer la conversation à la prochaine étape, ou encore à faire la présentation au téléphone (au moyen d'une réunion à trois, si possible) lorsque le candidat potentiel ne vit pas à proximité.

Enseignez également à vos nouveaux associés la manière de répondre aux questions et aux objections de leurs associés éventuels. Si des questions sont soulevées au cours d'un appel téléphonique, ou lorsqu'ils tentent de fixer un rendez-vous, préparez vos partenaires à faire face à ces interrogations ou objections. Apprenez-leur à présenter leur plan et les subtilités sous-jacentes à cette présentation. N'oubliez pas de leur dire que s'ils font presque tous les frais de la conversation pendant la présentation, c'est qu'ils livrent probablement trop d'informations à leur associé éventuel et n'entrent pas suffisamment dans son univers.

C'est la personne qui présente le plan qui devrait écouter le plus. Initiez vos nouveaux associés à écouter pendant qu'ils font une présentation. Enseignez-leur à poser des questions ouvertes, et plus important encore, à découvrir ce que désirent leurs prospects. Une fois qu'il a décelé les désirs de ces derniers, il peut alors établir un lien entre leurs aspirations et l'occasion d'affaires qu'il leur offre.

Conseillez vos nouveaux associés sur une tenue vestimentaire appropriée. Expliquez-leur comment créer un environnement propice dans le cadre duquel ils pourront faire une présentation qui se soldera tout naturellement par une décision d'engagement.

Après avoir résumé les techniques de présentation du plan, enseignez à vos nouveaux associés comment effectuer un suivi et créer une attente vis-à-vis de l'étape suivante. Enseignez-leur à semer les graines d'une attente qui fera comprendre à leurs candidats potentiels qu'ils assumeront éventuellement la responsabilité de leurs propres succès. Insistez sur l'importance qu'il y a à présenter le plan aux deux conjoints, ou à un groupe de partenaires éventuels lorsqu'ils font de la prospection.

Bien entendu, pour initier quelqu'un correctement, vous devez lui enseigner les principes du suivi et son importance. Tout d'abord, quel est le moment idéal pour effectuer un suivi ? Ensuite, quel est le cadre idéal pour effectuer ce suivi ? Le suivi se fait de préférence dans les 24 à 48 heures suivant la présentation de l'occasion d'affaires. Il est plus facile d'amener le candidat potentiel à franchir la prochaine étape s'il est encore enthousiasmé par l'offre qui lui a été faite. Formez vos associés à effectuer des séances de suivi dans un cadre propice à une décision éclairée.

Beaucoup de réseauteurs éprouvent de la difficulté lorsqu'il s'agit de donner un bon départ à leurs nouveaux associés. C'est un domaine qui paralyse les gens parce qu'ils ont tendance à ne pas consacrer suffisamment de temps aux nouveaux membres de leur équipe. Autrement dit, ils parrainent quelqu'un, inscrivent quelques noms sur leur liste, et passent prématurément au candidat potentiel suivant, sans jamais prendre le temps de les former adéquatement.

Certains distributeurs de marketing de réseau font entre 50, 60 ou 70 présentations par mois, mais obtiennent peu de résultats compte tenu de leurs efforts. Souvent, ils seraient beaucoup plus efficaces en faisant moins de présentations chaque mois et en utilisant le temps consacré à ces présentations pour initier correctement leurs nouveaux distributeurs.

Si vous voulez donner un bon départ à 10 individus, vous surpasserez celui qui a initié 200 personnes de la mauvaise façon. Cet investissement de temps peut donner lieu à d'énormes dividendes. Formez chacun de vos nouveaux associés sur la base de principes fondamentaux solides afin de leur offrir les meilleures chances de réussite.

Permettez-moi de faire une analogie. Imaginez une vaste forêt peuplée de chênes immenses. Vous avez une hache bien affûtée parce que vous avez été bien formé par quelqu'un qui vous a initié correctement à l'industrie. Mais vous n'arriverez pas à abattre tous les arbres de cette forêt sans l'aide d'autres personnes qui ont également une hache bien affûtée. C'est la qualité de la formation que vous offrez à vos recrues qui déterminera la qualité de leur hache. Plus cette hache sera aiguisée, plus ils abattront d'arbres.

Imaginez maintenant que vous initiez correctement quelqu'un à l'industrie et que cette personne respecte chaque étape du système. Au lieu d'être astreint à couper tous les arbres vous-même, vous vous y attaquez à l'aide des membres de votre équipe, que vous avez formés adéquatement. L'union fait la force, et bientôt l'abattage des arbres est complété. Vous êtes alors sur la voie qui mène à la concrétisation de vos rêves et de ceux de vos associés.

Remarque: L'ouvrage de Joe Rubino, intitulé *7 étapes pour bâtir une organisation millionnaire en marketing de réseau* aborde en détail le processus qui permet de réussir haut la main dans l'industrie du marketing de réseau en suivant un système efficace qui peut être dupliqué, et qui est composé des 7 étapes suivantes:

1. Créez une vision de l'avenir;
2. Créez un plan directeur qui soutiendra la réalisation de cette vision;
3. Passez maître dans l'art de la prospection;
4. Devenez une machine à recruter;
5. Formez des experts;
6. Créez des structures favorisant l'excellence personnelle;
7. Devenez un leader inspirant.

Nous suggérons à nos lecteurs de consulter cet ouvrage pour obtenir plus de détails sur la façon de mettre en œuvre ce système efficace et d'atteindre les plus hautes sphères du succès.

Chapitre 15

L'ÉLABORATION D'UN PLAN DE VIE

Ce chapitre a été conçu de manière à être lu conjointement avec la stratégie de réussite personnelle qui se trouve à l'annexe de cet ouvrage. Cette dernière section vous guidera tout au long d'un processus très simple, mais efficace visant à dresser une carte routière personnelle qui vous permettra d'atteindre vos buts et de concrétiser les rêves qui sont chers à votre cœur. La création d'un plan de vie et l'élaboration de la stratégie personnelle dont vous avez besoin pour réussir ne vous prendront que deux heures environ. Ce seront peut-être les deux heures les plus précieuses que vous n'aurez jamais investies dans votre carrière de réseauteur. Voici pourquoi.

La majorité des gens qui abandonnent l'industrie du marketing de réseau le font parce qu'ils ont oublié qu'il existe un lien entre ce qu'ils veulent (le rêve, le but ou le désir qui les a tout d'abord poussés à s'engager) et les activités quotidiennes qui régissent la création d'une entreprise. Si vous, ou les membres de votre organisation, n'avez pas une vision claire de ce que vous cherchez à accomplir grâce au marketing de réseau, c'est comme si un compte à rebours était déclenché, égrenant les secondes avant que l'inconfort, le rejet et les défis reliés à la création d'une entreprise prennent le dessus sur les raisons qui ont motivé votre prise de décision initiale.

Ceux qui gagnent dans l'industrie du marketing de réseau ont mis par écrit et gravé dans leur cœur une vision bien définie de ce qu'ils veulent accomplir, de la façon dont ils s'y prendront et du moment où ils arriveront à leurs fins. En mettant par écrit votre vision de l'avenir et en la lisant deux fois par jour de manière à ce qu'elle devienne un projet en devenir, vous laissez la voie libre à sa concrétisation.

Lorsque vous rédigez quelque chose de votre propre main, un pouvoir très puissant se met en branle et établit un lien entre vos idées et votre intention. En traduisant votre vision de l'avenir en mots, vous prenez un engagement formel et subtil. De fait, vous rendez publique une chose très personnelle et importante pour vous.

Penchons-nous donc maintenant sur la façon d'établir une trajectoire pour votre quête. Comme la majorité des réseauteurs, vous vous déplacez probablement de ville en ville pour assister à des événements organisationnels ou à des réunions d'affaires. Lorsque vous vous apprêtez à réserver un vol, l'information la plus importante à fournir est sans contredit votre destination. Nous entreprendrons de la même façon cet excitant voyage qu'est la concrétisation de votre vision entrepreneuriale. En faisant ce simple exercice, les gens n'ont généralement pas de difficulté à visualiser leur destination finale dans la vie. Décidez dès maintenant du nombre d'années que vous souhaitez vivre. Je sais que cela peut sembler bizarre, mais consacrez-moi tout de même une minute.

Choisissez le nombre d'années que vous souhaitez vivre. Voulez-vous vivre jusqu'à l'âge de 80, 90, 110 ans? Personne ne rira de vous. Soyez audacieux et dites combien d'années vous voulez vraiment vivre, et puis soustrayez un an. Ensuite, visualisez-vous à cet âge. Avez-vous une image en tête? De quoi avez-vous l'air? Comment vous sentez-vous physiquement? Que faites-vous? Lorsque vous vous levez le matin, avez-vous des projets pour la journée? En avez-vous parfois? Qui sont les gens qui composent votre entourage? Dans quelle partie du pays vivez-vous et à quoi ressemble votre maison? Quel est votre style de vie; est-il modeste, extravagant ou traditionnel?

Et maintenant, pensez à ce qu'a été votre vie, maintenant que vous avez atteint un âge vénérable et contemplez ce que vous avez accompli. De quels projets et activités êtes-vous le plus fier? Quels sommets avez-vous atteints? Quels petits efforts, consentis consciemment ou non, ont fait une différence dans le monde ou dans la vie des autres? Qui sont les gens qui ont tiré avantage des engagements que vous avez pris? Que disent les gens à votre sujet? Lorsqu'ils parlent de vous en votre absence, quels mots emploient-ils pour vous décrire? Quels projets avez-vous menés à terme, et à qui avez-vous consacré votre vie? Sur quelles causes, quelles œuvres de charité ou quels organismes avez-vous eu un impact? Qui sont les gens qui, en réfléchissant à leur vie, diront que vous êtes celui qui leur a insufflé l'inspiration et les croyances qui ont fait d'eux ce qu'ils sont aujourd'hui? Vous comprenez?

Alors, commencez à écrire. Utilisez des adjectifs, des noms précis, et rédigez un texte vivant et coloré. Ce n'est pas le moment d'être modeste ou précautionneux. Par exemple, vous avez peut-être écrit des phrases telles que: «Je suis connu comme étant un conjoint aimant» ou «un merveilleux pourvoyeur» ou «une personne très intègre» ou «quelqu'un qui a permis aux autres d'exceller». L'énoncé décrivant votre plan de vie global pourrait être: «Je suis un conjoint très aimant, un bon père et un excellent pourvoyeur pour ma famille.» Ce n'est qu'un exemple. Osez écrire ce que vous voulez être pendant le reste de votre vie.

Maintenant, ramenons cet énoncé à une simple phrase ou description que de nombreuses personnes qualifient d'énoncé de vision personnelle. Je préfère l'expression «cri de ralliement». Il s'agit en fait d'un condensé ou d'une version simplifiée de l'énoncé de votre plan de vie global, facile à mémoriser et à dupliquer, comme un slogan sur une carte, un écusson ou un chandail. Ce cri de ralliement est personnel, et vous voudrez le partager avec tous ceux qui se feront un devoir de vous aider à en faire une réalité.

Votre cri de ralliement personnel deviendra l'appel qui vous poussera à l'action, ainsi que le décor sur lequel s'inscriront les buts et les plans que vous élaborerez pour votre avenir. Il devrait vous inspirer, vous motiver, vous pousser à l'action et vous remplir d'énergie lorsque vous le formulez. Il devrait vous faire renouer avec une croyance fondamentale en vous-même. Il devrait vous rappeler que la vie est une aventure splendide et précieuse lorsqu'on la considère ainsi et que l'on s'engage à faire le nécessaire pour qu'elle le devienne.

Ce cri de ralliement devrait également vous stimuler et vous inspirer à surmonter tous les obstacles qui pourraient surgir et miner vos efforts. Encore une fois, montrez-vous audacieux. Faites résonner votre cri de ralliement. J'ai entendu des exemples tels que : « Je suis increvable » ou « Je suis une figure emblématique dans le monde des affaires » ou « J'incarne l'endurance, la sagesse et le soutien ultime pour les autres ». Dites-vous que, si votre nom figure un jour dans un livre d'histoire, c'est grâce à cet énoncé que l'on se souviendra de vous. Laissez votre cri de ralliement en héritage.

Définissons maintenant votre point de départ. Afin de tracer le trajet le plus court entre deux points, vous devez bien sûr savoir non seulement où vous allez, mais aussi d'où vous partez. C'est comme si pendant l'élaboration de votre plan de vie et de votre cri de ralliement personnel, vous commenciez à visualiser mentalement ce qui sépare votre situation actuelle de votre but ultime.

Considérons la vie sous huit aspects différents. À mesure que je décrirai chacun de ces aspects, évaluez-vous sur une échelle de satisfaction graduée de 1 à 5. Une note de 1 signifie que vous êtes totalement insatisfait ; il y a largement place à l'amélioration dans ce domaine de votre vie et vous n'êtes absolument pas sur la bonne voie si vous voulez mener à bien votre plan de vie. Si vous deviez lancer votre cri de ralliement en examinant ce domaine de votre vie, vous ne pourriez que secouer la tête avec dégoût.

En fait, une note de 5 signifie que les choses ne pourraient pas aller mieux dans ce domaine de votre vie. Vous avez un plan qui vous enthousiasme, une dynamique s'est installée et vous voyez clairement votre vision se concrétiser. Une note de 5 ne signifie pas que vous avez atteint votre but ; elle signifie tout simplement que vous êtes sur la bonne voie et que vous êtes satisfait de vos progrès à cette étape de votre vie.

1. Nous commencerons par un aspect de la vie auquel la majorité des gens peuvent s'identifier : la santé. Êtes-vous satisfait de ce que vous voyez lorsque vous vous regardez dans un miroir ? Pensez à votre niveau d'énergie et au degré de difficulté que vous associez à votre lever du lit chaque matin. Évaluez votre faculté de concentration et votre créativité.

   En ce qui a trait à votre taux d'endurance, estimez-vous que vous avez l'élan nécessaire pour aller de l'avant et mener vos projets à terme ? Pensez à votre alimentation et à vos habitudes en matière d'exercice physique ; sont-elles compatibles avec votre vision à long terme ? Qu'en est-il de vos habitudes de sommeil ? Prenez-vous suffisamment de repos et vous sentez-vous d'attaque lorsque vous vous réveillez ?

2. Examinons maintenant le domaine des finances. Quels sont vos sentiments par rapport à votre revenu mensuel ? Vous permet-il de faire des choix et de prendre des décisions sans que l'argent soit un souci ? Qu'en est-il de vos dettes de crédit et autres éléments de passif ? Avez-vous un plan bien défini en ce qui a trait à votre avenir financier ou gérez-vous votre argent au jour le jour ?

   Êtes-vous satisfait de votre compte d'épargne ? Vos investissements vous garantissent-ils une retraite confortable ? Accumulez-vous les actifs à un rythme qui vous permettra de vivre à l'aise après votre retraite, libre de contraintes financières, ou arrivez-vous tout juste à boucler les fins de mois ? Serez-vous en mesure de vivre selon votre vision de l'avenir, sans soucis financiers et sans faire de compromis en ce qui a trait à votre style de vie ?

3. Évaluez-vous maintenant dans le domaine des relations. Êtes-vous en mesure de passer le temps que vous souhaitez avec les gens qui vous sont chers ? Évaluez la qualité de vos relations familiales et des relations que vous entretenez avec vos collègues et vos voisins. Êtes-vous satisfait de la profondeur des relations anciennes et bien établies que vous préservez, et nouez-vous de nouvelles relations valorisantes ? Avez-vous suffisamment d'amis, de partenaires, d'alliances et de ressources pour vivre pleinement et agréablement ?

   Quelle est la qualité globale des relations que vous avez dans votre vie ? Avez-vous le sentiment que la majorité de vos relations sont harmonieuses, exemptes de tension démesurée ou de conflit ? Si vous fêtiez votre anniversaire en grande pompe demain, combien de personnes seraient heureuses de participer à la fête ? Croyez-vous avoir suffisamment de relations satisfaisantes avec les membres de votre famille et vos amis ? Êtes-vous à l'aise avec la profondeur et la portée de vos relations ? Entretenez-vous des relations tendues qui drainent votre énergie et qui, à la réflexion, sont une source de tristesse ou de colère ?

4. Le quatrième domaine a trait à la collectivité. Considérez la façon dont vous contribuez à la vie de votre entourage immédiat et à l'extérieur de votre foyer ou de votre environnement de travail. Êtes-vous

engagé envers votre église locale, une organisation de jeunesse, une école, ou de façon plus générale, envers le gouvernement, des organismes nationaux ou des œuvres de bienfaisance ? Dans quelle mesure faites-vous une différence dans la vie des autres ? Quelle est votre portée ou votre influence dans le monde qui vous entoure ?

Utilisez-vous votre temps de façon suffisamment efficace et vos réalisations sont-elles assez importantes pour figurer dans l'héritage que vous laisserez ? Êtes-vous satisfait de votre cercle d'influence ? Est-il en expansion ou avez-vous le sentiment que votre potentiel demeure inexploité ? Une note de 5 signifie que vous êtes satisfait et sur la voie de laisser l'héritage que vous souhaitez. Une note de 1 signifie que vous sentez un réel écart entre votre situation actuelle et une trajectoire acceptable qui vous permettrait d'atteindre le degré d'importance que vous avez défini dans votre plan de vie.

5. Tournons-nous maintenant vers un domaine qui est parfois le plus négligé par certains d'entre nous : le plaisir et les loisirs. Il est facile de se laisser accaparer par nos diverses activités et d'oublier que les loisirs, la détente, les récompenses et les simples plaisirs font également partie de la vie. Donc, vous êtes-vous amusé dernièrement ? Prévoyez-vous régulièrement du temps pour reprendre des forces et vous ressourcer ? Prenez-vous souvent le temps de vous amuser en explorant de nouvelles choses ?

   Qu'aimez-vous faire qui vous fournit un sentiment d'oubli total ? Passez-vous suffisamment de temps à faire des choses qui vous procurent un réel plaisir ? Évaluez votre degré de satisfaction actuel et déterminez si vous serez en mesure de concrétiser votre vision de l'avenir en maintenant votre trajectoire en ce qui a trait aux plaisirs et aux loisirs que vous vous accordez.

6. Un domaine qui est souvent escamoté lorsqu'on aborde le sujet de la détermination d'objectifs est l'aspect spirituel de la vie. La majorité des gens, à un certain moment de leur existence, se rendent compte que leur monde est régi par un pouvoir beaucoup plus grand qu'eux. Comment vous sentez-vous par rapport à votre relation ou à votre lien avec ce pouvoir ? Avez-vous noué un tel lien à un niveau suffisamment satisfaisant ? Trouvez-vous le temps chaque jour de consolider cette relation et d'essayer de mieux la comprendre ? Êtes-vous satisfait des gens et des organismes qui peuvent vous guider et vous aider à approfondir votre développement spirituel ?

7. La plupart des gens consacrent la majeure partie de leurs heures de veille à leur carrière ou à leur entreprise. Étant donné que cet ouvrage traite du monde des affaires et plus particulièrement du marketing de réseau, vous avez probablement des objectifs à cet égard. Réfléchissez toutefois à ce qui suit. Avez-vous le sentiment que vos progrès sont proportionnels à vos efforts dans ce domaine ?

   Êtes-vous satisfait de la direction que vous avez prise ? Trouvez-vous votre travail gratifiant ? Recevez-vous le salaire que vous croyez mériter ? Vos plans sont-ils précis et atteignables, ou vivez-vous au jour le jour ? Comment vous sentez-vous relativement au développement de vos habiletés professionnelles ? Souhaitez-vous devenir mentor, gestionnaire, directeur, cadre supérieur, entrepreneur, propriétaire ou roi de la colline, et si c'est le cas, votre trajectoire est-elle dans cette direction ?

8. Pour terminer, penchons-nous sur la catégorie appelée « équilibre personnel ». Bien que nous nous efforçions d'atteindre l'équilibre dans notre vie, il est en fait extrêmement difficile de maintenir un équilibre total et constant dans tous les domaines. Aux fins de cet exercice, nous définirons l'équilibre de deux façons. La première définition fait référence à l'équilibre lui-même. Demandez-vous si l'équilibre qui existe entre vos intentions et les gestes que vous faites s'inscrit dans la trajectoire qui vous permettra de réaliser ce qui est important pour vous, tout en respectant vos valeurs fondamentales. Êtes-vous en mesure de dire : « J'ai consacré mon temps à des gens, des causes, des projets ou des réalisations qui étaient de la plus haute importance pour moi » ?

Dans la deuxième définition, nous aborderons l'équilibre comme un domaine qui n'a pas encore été traité dans notre analyse précédente. Par exemple, supposons que vous avez un champ d'intérêt qui vous demande beaucoup de temps. Peut-être est-ce davantage qu'un loisir, mais tout de même pas vraiment une carrière. Vous prenez cette activité plus au sérieux qu'un simple passe-temps.

> Vous avez un but précis et ce champ d'intérêt devrait jouer un rôle clé dans votre plan de vie. Ou peut-être êtes-vous engagé dans la pratique d'un sport ou d'une autre activité, et vos réalisations dans ce domaine détermineront la différence que vous ferez dans le monde qui vous entoure. Tout domaine dans lequel vous évoluez et qui ne figure pas dans les autres catégories que nous avons décrites jusqu'ici pourra être classé dans celui de l'équilibre personnel.

Très bien. Maintenant que nous avons déterminé les huit domaines de la vie et que vous avez évalué votre degré de satisfaction dans chacun d'eux, vous êtes prêt à concrétiser votre vision personnelle de la vie. Que faudrait-il pour augmenter votre pointage ? Si vous vous êtes accordé une note de 2 dans certains domaines, que vous faut-il améliorer et mettre en place pour obtenir une note de 3 ou 4 ?

Si vous vous êtes déjà accordé une note de 3 ou 4, que devrait-il se produire exactement pour que vous vous leviez chaque matin avec le sentiment de mériter une note de 5 en matière de confiance et de satisfaction ? Que vous faudrait-il dans chaque domaine de la vie pour que vous deveniez exactement ce que vous voulez être ?

Au cas où vous vous le demanderiez, il est tout à fait possible d'obtenir une note de 5 dans tous les domaines de la vie. Pensez-y une seconde. Pouvez-vous imaginer vous lever chaque matin et sentir que vous exercez un contrôle total sur votre vie et votre emploi du temps ? Et si, à la fin de la journée, vous étiez envahi par un extraordinaire sentiment d'accomplissement et de satisfaction parce que vous avez respecté votre plan visant à atteindre des buts précis et valorisants ?

Comment vous sentiriez-vous, au moment de poser la tête sur votre oreiller, si vous pouviez pousser un soupir de satisfaction et dire : « Aujourd'hui, j'ai été un gagnant et j'ai fait un pas de plus sur la voie qui mène au succès et au sens que je veux donner à ma vie » ?

Seulement 5 pour cent de la population prend le temps de mettre ses buts par écrit. Grâce à ce seul exercice, vous vous êtes hissé dans ce groupe d'élite. La majorité d'entre nous a appris à croire qu'il faut se battre pour vivre une vie équilibrée. Bien sûr, dans un monde idéal, il serait fantastique de briller chaque jour dans tous les domaines de la vie. Mais d'une façon réaliste, c'est très difficile à faire, sans parler de maintenir le rythme.

Parfois, étant donné vos buts, il est important de provoquer un certain déséquilibre et de retomber ensuite plus solidement sur vos pieds. Pensez par exemple aux athlètes olympiques ; ils mettent pratiquement tout en veilleuse pendant au moins quatre ans pour se bâtir une perspective de vie qui leur servira dans tout ce qu'ils feront par la suite. Les entrepreneurs sont un autre bon exemple. Ils se dévouent souvent à leur entreprise afin d'ériger des dynasties, de se retirer à un jeune âge et de jouir de la liberté que procure un important revenu résiduel.

Donc, avec tout ceci en tête, classez par ordre de priorité les 8 domaines de la vie en fonction de ce que vous souhaitez accomplir. Quel domaine vous permettrait d'obtenir les meilleurs résultats si vous y accordiez la priorité ? Est-ce que cette intention délibérée pourrait créer quelque chose d'extraordinaire, et même influer de façon positive sur tous les autres domaines de votre vie ?

Examinons maintenant la façon de déterminer les gestes concrets que vous pourrez accomplir à chacune des étapes menant à l'atteinte des buts que vous vous êtes fixés. Sachez que l'atteinte de ces buts ne correspond généralement pas à un aboutissement soudain. Elle s'étale plutôt sur une période de temps plus ou moins longue et exige que vous franchissiez plusieurs petites étapes avant de réussir. Le secret consiste à mettre chaque étape cruciale par écrit.

De nombreux buts seront assujettis à des considérations d'ordre financier ou temporel qui pourront servir à déterminer les mesures à prendre. Par exemple, vos buts pourront exiger un apport supplémentaire de temps ou d'argent pour en accélérer la réalisation. Et vous devrez peut-être y ajouter un élément tel que : « réserver 20 minutes chaque jour pour… (précisez ici) », ou « prévoir une rencontre d'une heure avec… (précisez).

En ce qui a trait à l'ensemble de vos objectifs financiers, vous voudrez envisager, dans le domaine des finances, des gestes concrets qui font spécifiquement référence à l'argent. Il sera parfois nécessaire de procéder à une réévaluation de ces buts après avoir défini les mesures qu'il convient de prendre dans d'autres domaines. De plus, considérez les buts que vous vous êtes fixés dans les domaines « carrière et entreprise » ou « équilibre personnel », dont la réalisation pourrait être facilitée par la génération des ressources nécessaires à l'atteinte d'autres buts.

Parvenu à cette étape avancée de la première phase de l'élaboration de votre stratégie de réussite personnelle, vous devriez avoir une très bonne idée de ce que vous voulez, de votre situation actuelle, ainsi qu'une idée générale de ce que vous devrez accomplir pour concrétiser votre vision de l'avenir. Prenez un moment pour analyser comment vous vous sentez. Si vous avez fait preuve d'audace en créant cette vision et tout au long du processus d'établissement d'objectifs, vous ressentirez probablement un mélange d'excitation et de frénésie !

Ce qui empêche souvent les gens d'aller jusqu'au bout de leurs plus grandes intentions est l'un ou plusieurs des facteurs suivants. Premièrement, ils n'ont pas de plan ; deuxièmement, ils ne s'engagent pas à le mettre en œuvre ; ou troisièmement, ils ne disposent pas du soutien ou des conseils nécessaires pour surmonter les obstacles et relever les défis qui surgissent inévitablement sur la route menant à des réalisations inédites.

Eh bien, vous avez maintenant un canevas avec lequel travailler. La phase 2 traite de l'exécution de votre plan. Celle-ci exige que vous y réserviez des périodes de temps particulières et que vous portiez une attention toute spéciale à des étapes bien précises, définies pendant la phase de planification, si vous voulez atteindre vos buts.

Décidez dès aujourd'hui que vous prendrez le temps et ferez les efforts nécessaires pour accomplir ces choses que vous aviez tendance à remettre au lendemain. Cela demande une analyse de vos engagements et l'allocation de plages de temps pouvant être utilisées différemment ou de façon plus productive.

Prenons l'exemple du pilote de navire qui fait une erreur de calcul d'un degré dans sa trajectoire tout au début d'un voyage transatlantique. Ceci pourrait bien mener son navire dans un autre pays, loin du port de destination prévu. Faisons maintenant une analogie avec votre vie et votre entreprise. Utilisez-vous le temps dont vous disposez pour tracer un itinéraire optimal menant à votre destination la plus importante, c'est-à-dire la concrétisation de votre vision ? Ou déviez-vous d'un degré ?

Une fois que vous avez déterminé le temps dont vous disposez pour atteindre vos objectifs professionnels et respecter tout autre engagement, il suffit d'établir un ordre de priorité pour vos activités de manière à atteindre les buts qui vous importent le plus. Prévoyez le plus de gestes concrets possible afin d'appuyer votre progression vers votre destination ultime.

Rappelez-vous que ceux qui accomplissent de grandes choses dans l'univers du marketing de réseau et dans la vie ont des habitudes qui les distinguent de la masse. En mettant vos buts et votre vision par écrit de façon détaillée, vous vous démarquerez de ceux qui n'ont pas adopté ces habitudes qui sont un gage de réussite. Les choix que vous faites quant à la manière dont vous gérerez vos engagements et répartirez le temps dont vous disposez vous distingueront de ceux qui refusent de prêter attention à ce qu'ils doivent faire pour atteindre leurs buts.

Si vous êtes en train de lire ce livre, c'est que vous vous êtes engagé dans le marketing de réseau pour obtenir bien plus que des résultats moyens. Vous vous êtes engagé avec l'intention d'obtenir des résultats phénoménaux. De tels accomplissements sont la conséquence d'un ensemble de bonnes habitudes que partagent tous ceux qui réussissent haut la main. Si vous prenez le temps d'imaginer un avenir séduisant et de rédiger ensuite un document qui le décrira clairement, vous aurez franchi les premières étapes du parcours qui mène à la concrétisation de cette vision.

Vous avez probablement déjà compris que l'atteinte des plus hauts sommets dans l'univers du marketing de réseau est un exploit réalisable. Si vous vous engagez à garder une attitude propice et à ne jamais perdre de vue la perspective du succès, vous êtes nettement sur la bonne voie. Bien entendu, cette vision positive doit être alimentée par le développement d'habiletés garantissant la réussite et par des actions axées sur les résultats escomptés.

Nous vous invitons à prendre la décision de faire partie de cette élite entrepreneuriale du marketing de réseau qui a compris quels extraordinaires avantages notre grande profession peut apporter. Pour ceux qui veulent devenir d'éternels étudiants, toujours prêts à apprendre, à grandir, à dupliquer et à enseigner, une occasion d'extraordinaire épanouissement vous attend, associée à la liberté personnelle et financière.

Longue vie et bon parrainage.

Annexe

STRATÉGIE DE RÉUSSITE PERSONNELLE

Cette section, conçue en tant que suivi du chapitre 15, vous guidera tout au long d'un processus excitant et détaillé pour vous permettre d'établir des bases solides qui vous serviront certainement de tremplin afin de vous propulser vers un avenir prospère et auréolé de succès ! Comme lors de tout voyage, votre planification devra tenir compte de trois éléments :

1. L'endroit où vous voulez aller : votre destination ;
2. Votre point de départ ;
3. Un plan ou une carte routière pour vous guider lors de votre périple.

La phase 1 de votre stratégie de réussite personnelle vous permettra de définir ces 3 éléments. Lors de la phase 2, vous étudierez un exemple de mise en œuvre de l'un des volets de votre stratégie de réussite personnelle et vous vous familiariserez avec le processus simple qui consiste à définir des actions précises et à les intégrer à votre routine quotidienne.

À la fin de cette section, nous vous indiquerons comment retenir les services d'un accompagnateur qui saura vous épauler dans la mise en œuvre de votre stratégie au moyen d'une action concertée.*

Pour commencer, prenez le temps de faire cette importante série d'exercices. Gardez en tête que le développement d'une stratégie de réussite personnelle est un processus continu de découverte, et ne vous sentez pas obligé de régler les moindres détails de votre vie en une seule séance.

Si de nouvelles idées surgissent plus tard, vous pourrez toujours y revenir et les y ajouter.

Nous avons découvert que l'aide d'un accompagnateur est particulièrement précieuse lorsqu'il s'agit de donner vie à ce processus.

Vous avez pris l'initiative de l'entreprendre et nous vous en félicitons. Vous vivrez des moments excitants tout au long de votre voyage vers la réussite personnelle!

PHASE 1

Cette phase vous aidera à définir les trois volets de votre voyage vers la réussite. Pour vous aider à concrétiser les aspects de cette phase, nous vous invitons à prendre une feuille de papier pour y inscrire les éléments sur lesquels nous vous demandons de réfléchir.

---

* Pour des informations sur les programmes d'encadrement tarifés conçus dans le but de vous guider dans vos activités professionnelles et personnelles, communiquez avec Dr Joe Rubino à DrJRubino@email.com ou John Terhune à jterhune@rainmakermail.com.

Votre vision de la vie

Cette vision que vous créez pour votre vie se résumera à un énoncé d'une ou deux phrases décrivant votre mission dans la vie. Elle dépeindra votre réussite et vos réalisations futures avec le plus de réalisme possible. Vous commencerez par imaginer, et à coucher ensuite sur papier, une image mentale vivante et colorée. Votre vision de la vie sera l'illustration de votre engagement, de vos buts et de votre orientation. Tout d'abord, déterminez jusqu'à quel âge vous voulez vivre. Vous voulez vivre jusqu'à 80, 110 ans ?

Écrivez cet âge sur votre feuille.

Maintenant, soustrayez 1 de ce nombre.

Visualisez-vous maintenant à cet âge. Quel genre de vie aurez-vous ? Qui vivra autour de vous ? Qui sera dans votre vie ? En jetant un regard en arrière sur vos nombreuses années d'expérience, quelles réalisations chérirez-vous le plus ? De quoi serez-vous le plus fier ? De quelle façon aurez-vous influé sur le monde qui vous entoure ? Sur la vie de qui aurez-vous eu le plus d'impact ? Que diront les gens à votre sujet ? Quels adjectifs utiliseront-ils pour vous décrire et pour qualifier ce que vous avez accompli au cours de votre vie ?

Toujours sur votre feuille de papier, rédigez quelques brèves expressions qui illustrent ce que vous visualisez.

Exemple :

- Conjoint/fils/fille/ami aimant ;
- D'un grand secours ;

- Toujours prêt à aider;
- Pourvoyeur extraordinaire;
- Modèle de rôle.

Maintenant, insérez ces expressions dans une description composée d'une à trois phrases.

Exemple:

Je suis un conjoint aimant qui a toujours été d'un grand secours pour ma famille et mes amis. Je laisse le souvenir indélébile d'un pourvoyeur extraordinaire et aimé, ainsi que de quelqu'un qui a toujours été prêt à aider les autres en cas de besoin. Mes enfants et mes petits-enfants me voient comme leur meilleur modèle de rôle et ils cherchent sagesse et orientation auprès de moi lorsqu'ils doivent prendre des décisions importantes à propos de leur vie.

Votre cri de ralliement

Votre cri de ralliement est une courte phrase composée d'un à huit mots qui résume votre plan de vie. Dressez une liste d'expressions qui, lorsque vous les prononcez à haute voix, génèrent immédiatement une image mentale de cette vision que vous avez pour votre vie. Votre cri de ralliement devrait vous donner des frissons et vous inspirer à passer à l'action chaque fois que vous le lisez ou l'écrivez.

Travaillez-y et inscrivez vos suggestions sur votre feuille en gardant à l'esprit le fait que vous pourrez y revenir plus tard pour le peaufiner. Ne laissez pas cette question vous freiner dans l'achèvement des autres exercices de cette section. Après avoir examiné quelques variantes, vous trouverez certainement celle qui vous convient !

Voici quelques exemples :

- Gagner avec honneur ;
- Inspirer les autres à exceller ;
- Oser prendre des risques ;
- Être un exemple de plaisir pour les autres ;
- Guider l'opprimé ;
- Liberté financière et personnelle ;
- Besogne amusante, besogne accomplie.

Votre situation actuelle

Définissons maintenant votre point de départ. Où vous situez-vous aujourd'hui par rapport à l'image mentale que génère votre vision de l'avenir ? En définissant votre point de départ, il est utile de compartimenter votre vie en segments logiques ou en champs d'intérêt. Au cours de cet exercice, nous traiterons de différents domaines.

En réfléchissant à chaque aspect de votre vie, révisez les questions déclics proposées pour chaque domaine et évaluez-vous sur une échelle de 1 à 5. Une note de 5 signifie que vous êtes actuellement pleinement satisfait dans ce domaine, et que vous estimez être sur la bonne trajectoire pour concrétiser votre vision de la vie à ce chapitre. Une note de 1 signifie que cet aspect particulier de la vie ne pourrait pas être plus mal géré, que vous manquez d'élan et que vous n'arriverez pas à concrétiser votre vision. N'oubliez pas que d'autres questions ou éléments relatifs à chaque domaine peuvent également vous aider à mesurer vos progrès. Ces questions n'ont pour but que de vous encourager à aller de l'avant.

Votre santé

- Comment vous sentez-vous devant l'image que vous renvoie votre miroir?
- Êtes-vous satisfait de votre régime alimentaire et de votre programme d'exercices?
- Avez-vous de bonnes habitudes de sommeil?
- Votre endurance et votre vitalité sont-elles à un niveau optimal?

Quel pointage vous accordez-vous entre 1 et 5?

Vos finances

- Êtes-vous satisfait de votre revenu mensuel?
- Avez-vous une bonne stratégie de réduction de vos dettes et de gestion de vos revenus?
- Avez-vous un régime de retraite adéquat?
- Votre plan d'acquisition d'actifs vous permettra-t-il d'atteindre des objectifs à long terme?

Quel pointage vous accordez-vous entre 1 et 5?

Vos relations

- Estimez-vous passer suffisamment de temps avec les êtres qui vous sont chers ?
- Avez-vous suffisamment d'amis et d'admirateurs ?
- Êtes-vous satisfait de votre habileté à nouer de nouvelles relations ?
- La majorité de vos relations sont-elles enrichissantes et exemptes de conflits ?

Quel pointage vous accordez-vous entre 1 et 5 ?

Votre collectivité

- Pensez-vous que vous apportez une contribution adéquate au monde qui vous entoure ?
- Êtes-vous en mesure d'atteindre vos objectifs en ce qui a trait à vos contributions à des causes ou à des groupes dont vous vous souciez à l'extérieur de votre famille et de votre cercle d'amis ?
- Votre cercle d'influence est-il suffisamment diversifié ?
- Êtes-vous sur la bonne voie pour laisser l'héritage que vous souhaitez ?

Quel pointage vous accordez-vous entre 1 et 5 ?

Du plaisir et vos loisirs

- Vous amusez-vous suffisamment ?
- Avez-vous des activités à l'extérieur de votre vie professionnelle et familiale qui vous procurent une satisfaction personnelle ?
- Riez-vous suffisamment ?
- Vous sentez-vous reposé et raisonnablement plein d'énergie pour atteindre les buts que vous vous êtes fixés ?

Quel pointage vous accordez-vous entre 1 et 5 ?

Votre spiritualité

- Sentez-vous que vous avez un lien adéquat avec un pouvoir supérieur ?
- Consacrez-vous suffisamment de temps à nouer une relation avec ce pouvoir ?
- Êtes-vous satisfait de la façon dont vous comprenez la place que vous occupez dans le plan de l'univers ?
- Êtes-vous satisfait des gens et des organismes qui contribuent à votre développement dans ce domaine ?

Quel pointage vous accordez-vous entre 1 et 5 ?

Votre carrière et votre entreprise

- Êtes-vous satisfait de vos progrès et de la place qu'occupe ce domaine dans votre vie ?

- Votre carrière et votre entreprise sont-elles engagées sur une trajectoire satisfaisante ?
- Estimez-vous être suffisamment rémunéré pour le travail que vous faites ?
- Êtes-vous satisfait du développement de vos habiletés professionnelles ?

Quel pointage vous accordez-vous entre 1 et 5 ?

Votre équilibre personnel

- C'est à vous de définir ce domaine et vous pouvez y intégrer n'importe quel aspect de la vie qui n'a pas été couvert par les sept autres catégories.
- Quel est votre degré de satisfaction en ce qui a trait à la trajectoire que vous avez prise pour concrétiser votre vision de la vie ?
- Comment pouvez-vous faire appel à d'autres aspects de la vie pour réaliser davantage de choses en créant une vision plus ambitieuse ?

Quel pointage vous accordez-vous entre 1 et 5 ?

Maintenant que vous avez défini votre point de départ et votre destination finale, il est temps de vous fixer quelques buts à atteindre en cours de route.

L'établissement de buts

Un moyen facile de vous fixer des objectifs consiste à vous poser la question suivante: « *Que faudrait-il que je fasse pour augmenter mon pointage?* » Bien entendu, si vous vous êtes accordé une note de 5 dans un domaine en particulier, vous n'aurez qu'à vous fixer un objectif visant à garder la même trajectoire (à moins que vous ne soyez sous-performant et ne visiez pas très haut). Mais la majorité d'entre nous peut toujours s'améliorer dans la plupart des domaines de manière à rehausser notre confiance et notre productivité en ce qui a trait à notre trajectoire et à notre vitesse de croisière.

En définissant vos buts, gardez à l'esprit les directives suivantes. Vos buts doivent être:

- Personnels;
- Réalisables;
- Clairs et concis;
- Fondés dans le temps;
- Formulés de façon positive;
- En harmonie avec vos valeurs;
- Composés d'une succession d'étapes;
- Formulés au temps présent.

Autrement dit:

- Assurez-vous que vos buts exigeront des actions sur lesquelles vous pourrez exercer un contrôle personnel.

- Assurez-vous de croire que vous pourrez atteindre ces buts; ils ne doivent pas être utopiques.
- Formulez vos buts de façon très précise et en des termes mesurables de manière à pouvoir déterminer sans équivoque s'ils ont été atteints dans les délais prévus.
- Utilisez une terminologie positive et proactive, en n'évitant pas de formuler les comportements négatifs ou les résultats indésirables.
- Vos buts devraient vous motiver à apprendre et à grandir sur le plan personnel.
- Bien qu'ils se réaliseront dans l'avenir, formulez-les au temps présent, comme si vous étiez déjà parvenu à vos fins.

Par exemple:

- «Nous sommes le 1er janvier 2010 et mes épargnes s'élèvent à 50 000 $.»

Et non:

- «Je veux être riche.»

Ou:

- «Je pèse actuellement 80 kilos et mes tissus adipeux ne représentent que 10 pour cent de ma masse corporelle.»

Et non:

- «Je veux perdre 10 kilos et me mettre en forme.»

Rédigez sur votre feuille de papier un ou deux buts majeurs pour chaque domaine de la vie qui, lorsque vous les atteindrez au cours des 12 prochains mois, auront fait grimper votre pointage au chapitre de la satisfaction d'au moins un point.

Santé

Exemple: « Je pèse actuellement (poids visé). »

Inscrivez votre but n° 1 pour y changer quelque chose et ensuite votre but n° 2.

Finances

Exemple: « Je n'ai en ce moment aucune dette de crédit. »

Inscrivez sur votre feuille votre but n° 1 quant à vos finances et ensuite votre but n° 2.

Relations

Exemple: « Mes enfants me demandent régulièrement des conseils. »

Inscrivez sur votre feuille votre but n° 1 quant à vos relations et ensuite votre but n° 2.

Collectivité

Exemple: « Je suis un membre de la direction de mon association de propriétaires. »

Inscrivez sur votre feuille votre but n° 1 relativement à votre collectivité et ensuite votre but n° 2.

Plaisir et loisirs

Exemple: « Je suis un membre actif de l'équipe de (quilles, baseball) de mon quartier. »

Inscrivez sur votre feuille votre but n° 1 par rapport au plaisir que vous souhaitez et à vos loisirs, et ensuite votre but n° 2.

Spiritualité

Exemple: « Les gestes que je pose sont nettement en harmonie avec les croyances spirituelles. »

Inscrivez sur votre feuille votre but n° 1 quant à votre spiritualité et ensuite votre but n° 2.

Carrière et entreprise

Exemple: « Je gagne 2 000 $ par mois grâce à ma nouvelle entreprise à domicile. »

Inscrivez sur votre feuille votre but n° 1 relativement à votre carrière et à votre entreprise, et inscrivez ensuite votre but n° 2.

Équilibre personnel

Donnez un nom à ce domaine de la vie et fixez-vous des buts appropriés.

Inscrivez sur votre feuille votre but n° 1 quant à votre équilibre personnel et rédigez ensuite votre but n° 2.

Maintenant, donnez un ordre de priorité aux divers domaines de votre vie, de 1 à 8, et écrivez-le sur votre feuille:

Santé ;

Plaisir et loisirs ;

Finances ;

Spiritualité ;

Relations ;

Carrière et entreprise ;

Collectivité ;

Équilibre personnel.

Bien sûr, dans un monde idéal, les gens auraient un sentiment d'équilibre dans tous les domaines de leur vie, bien qu'il soit parfois important de se trouver temporairement en déséquilibre de manière à retomber sur nos pieds. Bien que cela puisse sembler burlesque au début, visez les plus hautes réalisations dans chaque domaine. Les athlètes olympiques mettent tout de côté pendant quatre ans ou plus pour se préparer à offrir une performance de classe mondiale et à vivre une expérience unique.

Les entrepreneurs sacrifient généralement leurs loisirs ou d'autres intérêts pendant un certain temps de manière à pouvoir jouir un jour d'une vie équilibrée qui leur permettra d'être libres financièrement et les seuls maîtres de leurs temps. Notre but ultime est de vous aider à atteindre cet équilibre parfait que vous cherchez.

Tout en bâtissant votre entreprise de marketing de réseau, prenez en considération le concept de l'unification. En vous posant la question suivante : *« Comment puis-je tout avoir ? »*, de nouvelles possibilités deviendront soudain apparentes, vous permettant de devenir plus productif, d'avoir davantage d'argent, de passer du bon temps avec votre famille et vos amis, de vous amuser et de vous divertir, de demeurer en forme, de consolider vos relations et de vous concentrer davantage sur votre développement personnel et spirituel.

Vous devrez sans doute mettre l'accent sur le « et » plutôt que sur le « ou ». Lorsque nous nous proposons d'unifier les divers domaines de la vie, nous découvrons souvent qu'il est possible d'accomplir davantage de choses en combinant les tâches avec créativité, ce qui nous permet d'obtenir de bien meilleurs résultats.

Maintenant que vous avez établi un ordre de priorité pour les divers domaines de votre vie, il est temps de déterminer les gestes concrets que vous accomplirez.

Des gestes concrets

Maintenant que vous vous êtes fixé des objectifs précis pour chaque domaine de votre vie, il convient de les décortiquer en étapes réalisables ou en gestes concrets. L'atteinte de chacun de vos buts exigera probablement plusieurs semaines ou mois de travail, mais pour qu'ils soient atteignables, il est important de déterminer des étapes clés qui tendront vers le résultat final.

Ces gestes concrets sont ces étapes progressives que vous devrez franchir, et elles correspondront à des moments, des dates ou des semaines précises sur votre calendrier. Chacune de ces mesures vous fera avancer sur la route qui mène à l'atteinte de votre but.

Par exemple, si vous projetez de perdre du poids au cours des 12 prochains mois, vous devrez prendre les mesures suivantes :

- Régler la sonnerie de votre réveille-matin 30 minutes plus tôt.
- Préparer votre survêtement d'entraînement la veille de chaque séance d'exercices.
- Mettre de côté 100 $ par mois pour votre abonnement à un centre de conditionnement physique et votre entraîneur.

Pour amorcer le processus, choisissez un but dans chaque domaine et définissez les mesures que vous devrez prendre pour l'atteindre. Rappelez-vous que vous pouvez toujours revenir en arrière et ajouter des mesures ou les ajuster à mesure que vous recueillez de l'information ou que vous repensez au processus.

Gardez à l'esprit que vous pouvez faire cet exercice pour tous les domaines de votre vie, ou encore ne vous concentrez que sur un seul d'entre eux que vous jugez prioritaire pour le moment.

En nous fondant sur les exemples donnés pour l'établissement des objectifs, nous vous proposons ici quelques idées. Rédigez les vôtres sur une feuille de papier que vous conserverez à portée de la main pour vous guider.

Santé

Exemple : Marcher pendant 30 minutes, 5 jours par semaine.

Finances

Exemple: Consacrer 10 pour cent de mon revenu brut au remboursement de ma dette de crédit.

Relations

Exemple: Demander à mon conjoint ou à mes enfants comment leur journée s'est passée.

Collectivité

Exemple: Demander au président de mon association de propriétaires ce que je pourrais faire pour contribuer à la vie de mon quartier.

Plaisir et loisirs

Exemple: M'inscrire à une ligue de (baseball, quilles, etc.).

Spiritualité

Exemple: Consacrer 15 minutes par jour à la méditation et commencer à tenir un journal intime.

Carrière et entreprise

Exemple: Retenir les services d'un accompagnateur professionnel ou personnel.

Équilibre personnel

Exemple: M'efforcer d'intégrer le plus de domaines de la vie possible dans ma routine quotidienne.

PHASE 2

Félicitations ! Jusqu'à maintenant, vous avez défini vos buts à long terme, créé un cri de ralliement motivant de manière à garder bien vivante votre vision de la vie, déterminé des objectifs précis qui vous permettront de concrétiser cette vision, établi un ordre de priorité au chapitre des divers domaines de la vie, et précisé les mesures que vous devrez prendre pour arriver à vos fins. Maintenant, afin de faire passer ce processus du papier à la vie réelle, nous devons dresser un échéancier.

La planification

Maintenant que vous avez établi vos priorités en fonction de vos objectifs et des mesures que vous prendrez au cours des 30 prochains jours, vous êtes prêt à dresser un échéancier. La planification de vos activités est essentielle si vous voulez atteindre vos buts.

Voici comment préparer votre calendrier pour les 30 prochains jours :

Étape 1 : Inscrivez les périodes réservées au travail.

Étape 2 : Inscrivez vos engagements familiaux, tels que les moments où vous reconduisez les enfants à l'école, faites office d'entraîneur de l'équipe de baseball du quartier, sortez avec votre conjoint, passez du temps en famille, etc.

Étape 3 : Inscrivez les moments que vous vous réservez, tels que services religieux, entraînement physique, loisirs, clubs, etc.

Étape 4 : Inscrivez les événements spéciaux ou additionnels (rendez-vous chez le médecin, récital, etc.) Si vous le souhaitez, vous pouvez attribuer une couleur à chaque type d'activité (travail, sortie avec votre conjoint, match de football, etc.).

Vous êtes maintenant en mesure de bien visualiser les plages de temps que vous pourrez consacrer aux domaines de vie auxquels vous avez donné la priorité (par exemple : votre nouvelle entreprise, votre santé, vos activités communautaires, etc.)

Les exemples donnés dans les pages qui suivent illustrent la façon d'inscrire vos diverses activités et de planifier les gestes concrets que vous ferez.

Exemple de calendrier

L'exemple qui suit montre à quoi pourrait ressembler une semaine de votre calendrier après que vous avez inscrit les périodes réservées au travail et à vos engagements professionnels. Visuellement, il est plus pratique d'utiliser des crayons ou des marqueurs de couleur, car cela fait ressortir les plages libres. Ces cases vides montrent bien où vous pouvez planifier des gestes concrets.

	Dimanche	**Lundi**	**Mardi**
Petit déjeuner			
Matinée	église	travail	travail
Déjeuner			
Après-midi		travail	travail
Dîner	repas	repas	repas
Début de soirée	activités familiales		cinéma avec les enfants
Fin de soirée			

Mercredi	**Jeudi**	**Vendredi**	**Samedi**
	séance d'exercices		séance d'exercices
église	travail	travail	match de football des enfants
travail	travail	travail	
repas	repas	repas et sortie avec conjoint	repas
activités familiales		repas au restaurant avec conjoint	
		sortie avec conjoint	

L'exemple suivant illustre votre emploi du temps une fois que vous y avez inscrit les mesures que vous comptez prendre.

	Dimanche	**Lundi**	**Mardi**
Petit déjeuner			
Matinée	église	travail	travail
Déjeuner	appeler mentor, Bill ; fixer rendez-vous	dîner rencontre avec Bill	effectuer des appels de prospection
Après-midi	dresser liste de candidats potentiels	travail	travail
Dîner	repas	repas	repas
Début de soirée	activités familiales		cinéma avec les enfants
Fin de soirée	participer à un appel de formation	effectuer des appels de prospection	effectuer des appels de prospection

Mercredi	**Jeudi**	**Vendredi**	**Samedi**
petit déjeuer avec Tim	séance d'exercices		séance d'exercices
église	travail	travail	match de football des enfants
rencontre avec Nick et Bob	rencontre avec Steve	en attente d'une éventuelle rencontre de suivi	
travail	travail	travail	
repas	repas	repas et sortie avec conjoint	repas
appels de prospection	appels d'affaires hebdomadaires	repas au restaurant avec conjoint	rencontre avec Sarah
appels de prospection	appels de prospection (si possible)	sortie avec conjoint	

Appliquons maintenant le même processus en ce qui a trait à vos buts. Reproduisez le genre de calendrier qui précède sur quelques pages et inscrivez les dates correspondant aux 30 prochains jours. Vous prendrez donc soin de mettre dans la colonne de gauche les moments de la journée : Petit déjeuner, matinée, déjeuner, après-midi, dîner, début de soirée et fin de soirée. Dans la colonne du haut, vous inscrirez chacun des jours de la semaine du dimanche au samedi. Ensuite, notez-y les priorités que vous avez établies précédemment.

Maintenant, prenez la priorité numéro 1 que vous avez définie lors de la phase 1, et en songeant aux mesures associées à l'atteinte de votre but numéro 1 sur 30 jours, posez-vous la question suivante : *« Quand pourrais-je faire cette activité précise ? »*, et trouvez-lui une plage sur votre calendrier. Posez-vous ensuite la même question pour toutes les autres mesures à prendre relativement à ce premier but.

Répétez alors l'exercice pour le but numéro 2 que vous avez défini pour cette même priorité. Faites de même avec tous les autres domaines de la vie, en suivant l'ordre de priorité que vous avez établi.

À la fin du mois, évaluez votre rendement et vos réalisations en ce qui a trait aux activités que vous aviez prévues. Posez-vous des questions telles que :

- *« Ai-je atteint mes objectifs du mois ? Sinon, que me reste-t-il à faire ? »*
- *« Ai-je été capable de respecter mon horaire ? »*
- *« Y a-t-il des activités qui devraient être ajoutées sur une base régulière ? »*

- *« Ai-je optimisé le temps réservé à mes buts prioritaires et aux mesures précises s'y rapportant ? »*
- *« Y a-t-il des plages de temps que je pourrais optimiser au cours du mois prochain ? »*
- *« En quoi serais-je plus productif au cours du mois prochain ? »*

Grâce à l'information recueillie pendant le mois qui vient de s'écouler, déterminez les mesures que vous devrez prendre au cours des 30 prochains jours et inscrivez-les sur votre calendrier tout en planifiant les nouvelles activités qui s'imposent.

Après plusieurs mois d'une telle planification, vous arriverez à déterminer rapidement et avec précision les mesures qu'il convient de prendre pour atteindre vos objectifs. Vous adorerez la sensation qui vous habitera lorsque vous saurez exactement ce que vous devez faire pour concrétiser votre vision de la vie. Rappelez-vous que vous exercez un contrôle absolu sur les gestes que vous accomplissez.

LE SECRET D'UNE RÉUSSITE ASSURÉE

Grâce à cet exercice et aux exemples donnés, vous devriez maintenant être prêt à mettre à exécution votre stratégie de réussite personnelle. Félicitations ! Cet important processus vous a aidé à peindre un tableau global et à long terme de votre vie, et de tracer une trajectoire de manière à faire une réalité de cette vision.

Si votre moteur est emballé et que vous avez le sentiment que vous avez beaucoup à faire, c'est merveilleux !

Mais avant de démarrer, vous devrez encore réfléchir à quelques petites choses qui pourraient faire toute la différence du monde en ce qui a trait à l'atteinte de vos buts.

Réfléchissez aux vérités suivantes à propos de vos buts et des 12 prochains mois :

1. Les 12 prochains mois ne vous seront jamais offerts une seconde fois au cours de votre vie.
2. Vous accomplirez davantage de choses si vous êtes épaulé par un accompagnateur professionnel.

Des accompagnateurs professionnels spécialisés dans la réussite sont maintenant prêts à vous aider à résoudre tout problème qui pourrait surgir pendant ce processus entourant votre stratégie de réussite personnelle. Ils peuvent vous offrir un soutien constant tout au long de ce qui pourrait se révéler les 12 mois les plus merveilleux de votre vie.

Nous vous invitons à réfléchir sérieusement à cette offre de soutien à long terme offert par le Center for Personal Reinvention et Rainmaker Consulting. Dans le cadre de programmes tarifés, des accompagnateurs vous aideront à préciser encore plus vos buts et les mesures que vous devez prendre pour les atteindre. Ils vous aideront à analyser votre emploi du temps et à réviser vos habitudes en ce qui a trait aux efforts que vous faites pour atteindre vos objectifs.

Ils ont également accès à des outils, une technologie et des ressources spécialisés pour vous aider à naviguer en toute confiance sur la voie qui mène à la réussite et à analyser ce qui vous caractérise à l'égard du succès qui vous attend.

De plus, nos accompagnateurs veilleront à ce que vous ne perdiez pas votre temps sur une mauvaise voie et vous indiqueront la trajectoire la plus rapide et la plus efficace. Vous découvrirez sans doute que l'investissement relié à l'établissement de telles relations avec un accompagnateur professionnel en vaut largement la peine, car vous épargnerez temps, énergie et frustration sur la voie qui mène à l'atteinte de vos objectifs à long terme.

Visualisez ceci: si vous deviez faire un voyage en solitaire dans un pays où vous n'avez encore jamais mis les pieds, vous vous poseriez de nombreuses questions et vous auriez besoin d'une foule de renseignements. Vous devriez établir une liste de contrôle, trouver une façon de vous rendre à destination et un endroit où vous loger. Vous devriez vous familiariser avec la langue, la nourriture et la culture de ce pays. De prime abord, cela peut paraître insurmontable et intimidant.

Mais imaginez que vous connaissez quelqu'un qui a déjà visité ce pays. Supposez que cette personne s'organise pour vous reconduire à l'aéroport, s'assure que vous montiez à bord de l'avion, que vous voyagiez en première classe, que l'on vous serve des plats exquis et que vous ayez à votre disposition un poste vidéo personnel et un siège qui se transforme en un lit confortable.

Supposez qu'à votre sortie de l'avion, quelqu'un brandit une affichette portant votre nom, vous reconduit à un hôtel luxueux, a fait des réservations au restaurant et prévu une visite guidée de la ville. Grâce à ces personnes, vous savez que votre voyage sera une expérience passionnante.

Maintenant, comparez la sensation que vous auriez si vous aviez dû tout planifier vous-même et celle que vous procurerait l'assistance d'une personne bien informée à chaque étape de votre voyage. Sans ce soutien, vous auriez sans doute été anxieux, craintif, et peut-être même paniqué. Mais sachant que vous pouviez compter sur un tel soutien, vous étiez enthousiaste, plein d'énergie et confiant. Le fait de bénéficier des services d'un accompagnateur vous donnera ce genre de confiance et un sentiment d'invulnérabilité tout au long de votre voyage vers la réussite personnelle !

Important : Pour en apprendre davantage sur la façon dont vous pouvez retenir les services d'un accompagnateur personnel, veuillez communiquer dès aujourd'hui avec le Center for Personal Reinvention ou Rainmaker Consulting. Nous sommes persuadés qu'il s'agit de l'élément le plus important de tout ce programme.

Nous vous souhaitons un extraordinaire succès et nous sommes certains que vous êtes engagé sur la voie qui mène à la vie de vos rêves !

Joe Rubino, PDG, The Center for Personal Reinvention
http://www.CenterForReinvention.com
DrJRubino@mail.com

John Terhune, PDG, Rainmaker Consulting
http://www.rainmakerconsultingservices.com
http://www.attitudepump.com
jterhune@rainmakermail.com

LECTURES RECOMMANDÉES : AUTRES OUVRAGES DE JOE RUBINO ET JOHN TERHUNE

7 étapes pour bâtir une organisation millionnaire en marketing de réseau : Comment obtenir l'autonomie financière au moyen du marketing de réseau
par Joe Rubino

Cet ouvrage est peut-être le guide le plus exhaustif qui a été écrit à l'intention de ceux qui souhaitent ériger une entreprise durable et extrêmement prospère. Le *Success Magazine* a qualifié Joe Rubino de faiseur de millionnaires dans son légendaire article-couverture intitulé « We Create Millionaires », car il sait transmettre aux autres son aptitude à réussir haut la main. Vous y découvrirez comment Joe Rubino a érigé sa propre dynastie et comment vous pouvez y arriver vous aussi. Suivez ce processus en 7 étapes et ralliez les rangs des réseauteurs les plus prospères.

Étape 1 : La vision de l'avenir – Établissez vos raisons de vous lancer dans le marketing de réseau et créez-vous une vision de l'avenir qui vous inspirera ;

Étape 2 : La planification – Créez-vous un plan directeur qui soutiendra la réalisation de votre vision de l'avenir ;

Étape 3 : La prospection – Une prospection efficace : Qui, où, comment et combien ? ;

Étape 4 : Le recrutement – Le pouvoir du recrutement : Comment devenir une machine à recruter ;

Étape 5 : La formation – Formez comme un expert : Des structures favorisant des partenariats réussis ;

Étape 6 : Le perfectionnement personnel – Grandissez aussi vite que votre entreprise : Créez-vous des structures favorisant l'excellence personnelle.

Étape 7 : Devenir leader – Réussir à créer d'autres leaders capables de se motiver eux-mêmes.

The True Entepreneur
par John Terhune et Michael Hunter

Dans cet ouvrage, John Terhune et Michael Hunter brossent un tableau détaillé des qualités de l'entrepreneur prospère. Denis Waitley a dit de ce livre qu'il était « l'ultime œuvre de notre époque sur l'entrepreneuriat ». Brian Tracy a dit : « Si vous avez jamais rêvé de créer votre propre entreprise, ce livre vous propulsera vers la réussite personnelle et financière. Il vous enseignera, étape par étape, un système pratique et éprouvé que vous pourrez utiliser sans attendre pour ériger une entreprise rentable. Achetez-le, lisez-le, et appliquez-en les principes dans tous les volets de votre vie professionnelle. »

www.thetrueentrepreneur.com

The Ultimate Guide To Network Marketing: 37 Top Network Marketing Income-Earners Share Their Most Preciously Guarded Secrets to Building Extreme Wealth

par Dr Joe Rubino

Dans *The Ultimate Guide to Network Marketing*, Joe Rubino présente diverses techniques éprouvées dans le domaine de la création d'entreprises, ainsi que des tactiques employées par 37 des réseauteurs et des formateurs les plus prospères de l'industrie. Ensemble, ces 37 experts présentent une documentation exhaustive composée de conseils et de stratégies que tout réseauteur se doit d'appliquer s'il veut ériger une entreprise et atteindre les plus hauts sommets de la réussite.

Les trois principaux éléments du réseautage sont la prospection, le suivi et le recrutement. Dans cet ouvrage, vous découvrirez un amalgame unique d'opinions d'experts et de conseils pratiques sur la façon d'accomplir ces tâches cruciales avec plus d'efficacité. Il s'agit d'une précieuse ressource qui vous permettra d'explorer les diverses tactiques et techniques que ces collaborateurs ont utilisées pour faire fortune, et vous pourrez y puiser ce qui vous convient le mieux.

Vous y trouverez des conseils imbattables sur les sujets suivants et bien d'autres :

- Le développement d'une attitude gagnante qui attire les autres ;
- L'art de la persuasion ;
- Des changements instantanés qui vous rendent plus convaincant lorsque vous parlez ;
- L'identification des valeurs les plus importantes d'un candidat potentiel ;
- Des habiletés simples et précieuses à enseigner aux membres de votre équipe ;
- Des tactiques pour convaincre les candidats potentiels sceptiques et réticents ;
- L'art de la prospection instantanée ;
- Sept excellents outils de prospection en ligne ;
- La prospection à domicile et dans le cadre de salons commerciaux ;
- Des conseils de prospection au moyen du publipostage ;
- Comment devenir un grand leader.

Révélant une foule de secrets que toute une vie passée dans l'industrie nécessiterait pour amasser, *The Ultimate Guide to Network Marketing* est une ressource unique qui vous mettra sur la voie privilégiée du succès. Rempli d'une sagesse durement acquise et de techniques essentielles, il vous conseillera à chaque étape de la création de votre entreprise réseautrice.

Secrets of Building a Million-Dollar Network Marketing Organization From a Guy Who's Been There Done That and Shows You How to Do It Too!
par Dr Joe Rubino

Découvrez les secrets du succès en créant votre propre entreprise de marketing de réseau auprès de l'homme que le *Success Magazine* a qualifié de «faiseur de millionnaires» dans un article-couverture.

Dans cet ouvrage, vous allez:

- Trouver les 6 clés qui ouvrent la porte du succès dans l'univers du marketing de réseau;
- Apprendre à créer une entreprise sans être assailli par le doute ou la crainte;
- Découvrir pourquoi la façon dont vous écoutez a jusqu'alors freiné votre réussite;
- Atteindre vos buts en un temps record en modifiant votre qualité d'écoute;
- Utiliser le «zen de la prospection» pour attirer les gens à vous comme un aimant;
- Apprendre à établir des relations et à déceler instantanément des signes avertisseurs chez vos candidats potentiels;

- Déterminer l'approche de prospection qui vous convient le mieux ;
- Transformer les objections de vos associés éventuels en raison de se joindre à vous ;
- Établir les sources de prospection les plus productives ;
- Gagner le jeu de chiffres du marketing de réseau ;
- Développer un plan d'affaires détaillé qui garantira votre avenir ;
- Adopter une pratique quotidienne unique qui multipliera vos revenus par 10 ;
- Vous élever au rang de l'élite des parrains et des associés ;
- Créer une vision passionnée qui sera un gage de succès.

10 Weeks to Network-Marketing Success : The Secrets to Launching Your Very Own Million-Dollar Organization in a 10-Week Business-Building and Personal-Development Self-Study Course

par Joe Rubino

Découvrez les secrets de la création d'entreprise et du développement personnel qui vous mettront directement sur la voie du succès dans l'univers du marketing de réseau. *10 Weeks to Network-Marketing Success* est un excellent cours qui vous permettra d'ériger rapidement votre entreprise et qui changera votre vie!

Grâce à ce cours, vous allez:

- Apprendre à élaborer avec précision un plan d'action de 10 semaines qui accélérera la croissance de votre entreprise;
- Apprendre à faire de la prospection dans les créneaux les plus productifs du marché;
- Découvrir les trajectoires les plus efficaces pour assurer votre réussite personnelle;
- Apprendre à influencer de façon persuasive vos prospects en étant à l'écoute de leurs valeurs fondamentales;
- Ériger rapidement votre entreprise en faisant des requêtes percutantes;
- Découvrir le secret qui vous permettra d'unir le geste à la parole;
- Créer une structure de développement personnel qui changera votre vie;
- Constater la croissance qui découlera de l'analyse régulière de vos progrès;
- Découvrir comment l'écoute active peut propulser votre entreprise vers le sommet;
- Découvrir le secret qui vous permettra d'assumer l'entière responsabilité de votre entreprise;

- Apprendre à transformer les problèmes en occasions ;
- Développer le charisme qui vous permettra de nouer instantanément des relations intimes et chaleureuses avec les autres ;
- Déterminer les secrets qui vous permettront d'assumer un rôle de leadership et d'être le bâtisseur de votre réussite.

Le programme intitulé *10 Weeks to Network-Marketing Success* propose 10 exercices hebdomadaires sur 4 CD ou 6 cassettes audio, ainsi qu'un manuel d'instruction de 37 pages.

The Magic Lantern : A Fable about Leadership, Personal Excellence and Empowerment

par Dr Joe Rubino

Se déroulant dans le monde magique du Centre de la Terre habité par des nains, des elfes, des gnomes et des magiciens, *The Magic Lantern* est une histoire de développement personnel qui nous enseigne les secrets du succès et du bonheur. Ce récit est une réflexion sur la décision d'assumer un véritable rôle de leadership tout en apprenant à faire preuve de la plus haute efficacité avec tous ceux dont nous faisons la connaissance.

Formateur, accompagnateur et auteur chevronné dans le domaine du perfectionnement personnel, Joe Rubino raconte l'histoire d'un groupe de nains et de leur jeune leader qui partent à la recherche des secrets d'une vie réussie, d'une vie remplie d'harmonie et de possibilités infinies, exempte des regrets et des chagrins qui caractérisent l'existence de la plupart des gens.

Investis d'une mission visant à rétablir la paix et l'harmonie dans leur village où règne la confusion, les personnages réussissent à surmonter les nombreux défis qui ponctuent leur voyage mouvementé. Grâce à la découverte de soi, ils élaborent les principes qui leur permettent de donner le meilleur d'eux-mêmes en assumant un rôle de leadership et en contribuant à la vie d'autrui.

The Magic Lantern nous enseigne :

- Le pouvoir du pardon ;
- Le sens du devoir et de l'engagement ;
- La véritable signification du leadership ;
- La magie de la croyance et de l'attente positive ;
- La valeur de l'écoute en tant qu'art ;
- Le secret permettant de maîtriser nos émotions et nos actes.

Ce conte combine le charme ensorcelant du Bilbo le Hobbit de John Ronald Reuel Tolkien avec les outils de perfectionnement personnel des grands maîtres.

The Legend of the Light-Bearers : A Fable about Personal Reinvention and Global Transformation

par Joe Rubino

Est-il trop tard pour amorcer une réinvention personnelle et transformer notre vie ? Notre planète peut-elle se guérir elle-même et effacer des siècles de lutte, de haine et de guerre ? Est-ce que l'amour, la paix et l'harmonie sont des possibilités envisageables pour les habitants de notre monde ? *The Legend of the Light-Bearers* est un récit qui traite de vision, de courage et d'engagement, planté dans le décor du Centre de la Terre. Dans cet antépisode très attendu du best-seller international de Joe Rubino intitulé *The Magic Lantern : A Fable about Leadership, Personal Excellence and Empowerment*, le processus de la transformation personnelle et globale est abordé dans le cadre d'un conte féerique. Alors que l'action se passe dans le monde qui a suivi la Grande Métamorphose Terrestre, cette parabole sur le développement personnel explore la nature de la haine et du renoncement, les secrets de la transformation, ainsi que le pouvoir de la colère, les moyens de la dominer et de la remplacer par l'amour.

Cet ouvrage illustre ce qui peut arriver lorsque les gens édifient leur vie sur des valeurs et se concentrent sur l'atteinte de buts y correspondant, plutôt que sur leurs penchants destructeurs et leur besoin de dominer les autres. Si notre monde avait besoin d'une recette de paix et de coopération, et si ses habitants étaient à la recherche d'un guide leur permettant de se prendre en main et de trouver le bonheur, c'est fait. La solution se trouve dans cet ouvrage.

Restore Your Magnificence : A Life-Changing Guide to Reclaiming Your Self-Esteem
par Dr Joe Rubino

Restore Your Magnificence est le guide qui fait autorité pour quiconque veut redorer son image de soi. L'auteur accompagne le lecteur, étape par étape, dans les exercices qu'il a utilisés pour transformer la vie de milliers de gens. Faciles à comprendre, ils deviendront le canevas d'une vie caractérisée par le bonheur, l'accomplissement et l'estime de soi.

Grâce à cet ouvrage, vous allez :

- Découvrir l'origine de votre manque d'estime de soi ;
- Régler votre passé et freiner la spirale de l'autosabotage ;
- Remplacer les messages négatifs par de nouvelles croyances fondamentales qui sauront étayer votre bonheur et votre excellence ;
- Découvrir le secret vous permettant de reconquérir votre pouvoir personnel ;
- Voir comment vous pouvez être fort et authentique ; comment utiliser votre vulnérabilité comme une source de pouvoir ;

- Concevoir une nouvelle image de soi, digne de votre magnificence ;
- Comprendre le pouvoir du pardon ;
- Découvrir le secret permettant de vivre une vie exempte de soucis ;
- Redécouvrir votre valeur et vous réinventer afin de donner le meilleur de vous-même ;
- Créer une vision de la vie qui est exempte de regrets.

RESSOURCES
EN MARKETING DE RÉSEAU

The Center for Personal Reinvention
www.CenterForPersonalReinvention.com

Des livres, des CD, des services d'accompagnement et des cours offerts par Joe Rubino et Tom Ventullo pour vous guider dans la gestion de votre entreprise réseautrice et de votre vie personnelle. Des bulletins d'information, des articles et des conseils gratuits.

Rainmaker Consulting Services, Inc.
www.rainmakerconsultingservices.com

Des services de consultation complets conçus à l'intention des entreprises en démarrage, ainsi que des stratégies de croissance sur mesure pour les entreprises bien établies. Conception de sites Web, élaboration de régimes de rémunération, matériel de marketing, systèmes de communication et systèmes de formation.

WT Powers, www.wtpowers.com/bonus

Système d'automatisation en ligne et programmes de génération de pistes offrant des listes de candidats potentiels gratuites avec chaque commande.

Attitude Pump, www.attitudepump.com

La source la plus complète de séances d'une durée de 5 à 10 minutes traitant de tous les aspects du développement, du maintien et de la préservation d'une bonne attitude.

Mach2.org, www.mach2.org

Richard Brooke est l'un des premiers visionnaires en matière de réseautage. Ce site offre des articles et de sages conseils à ceux qui souhaitent ériger leur entreprise sur des bases solides.

Fortune Now, www.FortuneNow.com

Le site de Tom « Big Al » Schreiter. Tom est un orateur des plus divertissants et ses connaissances sont impressionnantes en matière de réussite dans le monde du marketing de réseau.

Networking Times, www.NetworkingTimes.com

La principale publication dans le domaine du marketing de réseau.

Street Smart Live

Pour une formation de haut niveau en marketing de réseau, consultez le site www.streetsmartlive.com/bonus et profitez d'offres spéciales.

Le site d'Art Jonak, www.MLMplayers.com/bonus

Un excellent site de formation proposant des offres spéciales.

VisualTalkPro, www.buildandshare.com/bonus

Des solutions en matière de vidéoconférences et de courriels vidéo. Essai de courriels vidéo gratuits pendant un an.

Prospecting the Internet with Instant Messaging, www.successway.com/bonus
Un cours en ligne conçu par Max Steingart : un succès de vente.

Network Marketing Business Journal, www.NMBJ.com
Une publication de Keith Laggos. Elle renferme des nouvelles de dernière heure et des articles traitant de formation dans le domaine du marketing de réseau.

Cutting Edge Media, www.mlmleadcenter.com
Un site de génération de pistes offrant des listes de candidats potentiels gratuites avec chaque commande.

Randy Gage, www.MLMTrainingCentral.com
Randy est l'un des formateurs les plus en vue dans le domaine du marketing de réseau et son site renferme une information de premier ordre.

Brilliant Exchange, www.BrilliantExchange.com
Le site de Tim Sales, auteur du programme audio « Brilliant Compensation », consacré à la formation et à des ressources en marketing de réseau.

MLM University, www.MLMU.com
Le site de Hilton Johnson. Il renferme des articles, des outils et des programmes de formation conçus par un formateur émérite dans le domaine de la vente.

Online Automation, www.ResponsiveLeads.net/bonus
Un site de génération de pistes offrant des listes de prospects gratuites avec chaque commande.

Home Business Magazine, www.HomeBusinessMag.com
Des articles et des ressources traitant du travail à domicile.

The Network Marketing Magazine, www.thenetworkmarketingmagazine.com
Une excellente ressource pilotée par John Milton Fogg, à l'intention de ceux qui veulent réussir dans l'industrie du marketing de réseau.

The Kick Start Guy, www.kickstartguy.com
Romanus Walter, chroniqueur du magazine *Entrepreneur* offre ici des conseils pratiques sur le travail en entreprise et à domicile.

The NetMillionaire Training System, www.netmillionairetraining.com
Appréciez votre voyage vers le succès avec ce jeu de table amusant et excitant conçu pour former, guider et inspirer les réseauteurs en leur donnant des outils qui leur permettront de concrétiser leurs rêves.

Le site d'Eldon Taylor, www.InnerTalk.com
Exploitez le pouvoir de votre inconscient et mettez-le à votre service.

Len Clements'Market Wave, www.MarketWaveInc.com
Des données réelles sur notre industrie fournies par une firme de recherche et d'analyse œuvrant dans le domaine du marketing de réseau depuis plus de 15 ans.

The MLM Business Planning System
Un système de planification financière en ligne de réputation mondiale et fait sur mesure, conçu pour aider les réseauteurs à ériger leur entreprise au moyen des meilleurs outils de planification disponibles. Pour davantage d'information, écrivez à l'adresse suivante : pls10@hotmail.com.

CHEZ LE MÊME ÉDITEUR

Liste des livres :

« 45 secondes » qui changeront votre vie, *Don Failla*
52 façons de développer son estime personnelle et sa confiance en soi, *Catherine E. Rollins*
52 façons simples de dire « Je t'aime » à votre enfant, *Jan Lynette Dargatz*
1001 maximes de motivation, *Sang H. Kim*
L'ABC d'une bonne planification financière, *Marc Beaudoin, Philippe Beaudoin et Pierre-Luc Bernier*
Abracadabra, comment se transformer en un bon gestionnaire et un grand leader, *Diane Desaulniers*
Accomplissez des miracles, *Napoleon Hill*
Agenda du Succès *(formats courant et de poche), éditions Un monde différent*
Aidez les gens à devenir meilleurs, *Alan Loy McGinnis*
À la recherche de soi et de l'autre, *Marilou Brousseau*
À la recherche d'un équilibre : une stratégie antistress, *Lise Langevin Hogue*
Allez au bout de vos rêves, *Tom Barrett*
Amazon.com, *Robert Spector*
Amour de soi : Une richesse à redécouvrir (L'), *Marc Gervais*
Ange de l'espoir (L'), *Og Mandino*
Anticipation créatrice (L'), *Anne C. Guillemette*
À propos de…, *Manuel Hurtubise*
Apprivoiser ses peurs, *Agathe Bernier*
Art de réussir (L'), *collectif de conférenciers*
Ascension de l'âme, mon expérience de l'éveil spirituel (L'), *Marc Fisher*
Athlète de la Vie, *Thierry Schneider*
Attitude 101, *John C. Maxwell*
Attitude d'un gagnant, *Denis Waitley*
Attitude gagnante : la clef de votre réussite personnelle (Une), *John C. Maxwell*
Attitudes pour être heureux, *Robert H. Schuller*
Avant de quitter votre emploi, *Robert T. Kiyosaki et Sharon L. Lechter*
Bien vivre sa retraite, *Jean-Luc Falardeau et Denise Badeau*
Bonheur et autres mystères, suivi de La Naissance du Millionnaire (Le), *Marc Fisher*
Bonheur s'offre à vous : Cultivez-le ! (Le), *Masami Saionji*
Cancer des ovaires (Le), *Diane Sims*
Ces forces en soi, *Barbara Berger*
Chaman au bureau (Un), *Richard Whiteley*
Changez de cap, c'est l'heure du commerce électronique, *Janusz Szajna*
Chanteur de l'eau (Le), *Marilou Brousseau*
Chemin de la vraie fortune (Le), *Guy Finley*
Chemins d'Emma Rose (Les), *Emma Rose Roy*
Chemins de la liberté (Les), *Hervé Blondon*
Chemins du cœur (Les), *Hervé Blondon*
Choix (Le), *Og Mandino*
Cinquième Saison (La), *Marc André Morel*
Cœur à Cœur, l'audace de Vivre Grand, *Thierry Schneider*
Cœur plein d'espoir (Le), *Rich DeVos*
Comment réussir l'empowerment dans votre organisation ? *John P. Carlos, Alan Randolph et Ken Blanchard*
Comment se faire des amis grâce à la conversation, *Don Gabor*
Comment se fixer des buts et les atteindre, *Jack E. Addington*
Communiquer : Un art qui s'apprend, *Lise Langevin Hogue*
Communiquer en public : Un défi passionnant, *Patrick Leroux*
Contes du cœur et de la raison (Les), *Patrice Nadeau*
Coupables… de réussir, *collectif de conférenciers et de formateurs*
Créé pour vivre, *Colin Turner*
Créez votre propre joie intérieure, *Renee Hatfield*

Légende des manuscrits en or (La), *Glenn Bland*

Lever l'ancre pour mieux nourrir son corps, son cœur et son âme, *Marie-Lou et Claude*

Livre des secrets (Le), *Robert J. Petro* et *Therese A. Finch*

Lois de l'harmonie (Les), *Wayne W. Dyer*

Lois dynamiques de la prospérité (Les), *Catherine Ponder*

Magie de croire (La), *Claude M. Bristol*

Magie de voir grand (La), *David J. Schwartz*

Maître (Le), *Og Mandino*

Mana le Dauphin, *Jacques Madelaine*

Marketing de réseaux, un mode de vie (Le), *Janusz Szajna*

Massage 101, *Gilles Morand*

Maux pour le dire… simplement, *Suzanne Couture*

Mémorandum de Dieu (Le), *Og Mandino*

Messagers de lumière, *Neale Donald Walsch*

Mes valeurs, mon temps, ma vie ! *Hyrum W. Smith*

Miracle de l'intention (Le), *Pat Davis*

Mission ? Passions ! *Aline Lévesque*

Moine qui vendit sa Ferrari (Le), *Robin S. Sharma*

Moments d'inspiration, *Patrick Leroux*

Momentum, votre essor vers la réussite, *Roger Fritz*

Mon bonheur par-delà mes souffrances, *Vania et Francine Fréchette*

« Mon père, je m'accuse d'être heureux », *Linda Bertrand* et *Bill Marchesin*

Né pour gagner, *Lewis Timberlake et Marietta Reed*

Noni et le cancer (Le), *Neil Solomon*

Noni, cet étonnant guérisseur de la nature (Le), *Neil Solomon*

Noni et le diabète (Le)

Noni et ses multiples avantages pour la santé (Le), *Neil Solomon*

Nos enfants riches et brillants, *Robert T. Kiyosaki et Sharon L. Lechter*

Nous : Un chemin à deux, *Marc Gervais*

On se calme… L'art de désamorcer le stress et l'anxiété, *Louise Lacourse*

Optimisez votre équipe : Les cinq dysfonctions d'une équipe, *Patrick Lencioni*

Osez Gagner, *Mark Victor Hansen et Jack Canfield*

Ouverture du cœur, les principes spirituels de l'amour (L'), *Marc Fisher*

Ouvrez votre esprit pour recevoir, *Catherine Ponder*

Ouvrez-vous à la prospérité, *Catherine Ponder*

Pardon, guide pour la guérison de l'âme (Le), *Marie-Lou et Claude*

Pensée positive (La), *Norman Vincent Peale*

Pensez du bien de vous-même, *Ruth Fishel*

Pensez en gagnant ! *Walter Doyle Staples*

Père riche, père pauvre, *Robert T. Kiyosaki et Sharon L. Lechter*

Père riche, père pauvre (la suite), *Robert T. Kiyosaki et Sharon L. Lechter*

Périple vers la paix intérieure, le chemin de l'amour, *Marie-Lou et Claude*

Performance maximum, *Zig Ziglar*

Personnalité plus, *Florence Littauer*

Petites actions, grands résultats, *Roger Fritz*

Philosophe amoureux (Le), *Marc Fisher*

Plaisir de réussir sa vie (Le), *Marguerite Wolfe*

Plus beaux paysages et panoramas de golf au Québec (Les), *Nadine Marcoux*

Plus grand miracle du monde (Le), *Og Mandino*

Plus grand mystère du monde (Le), *Og Mandino*

Plus grand succès du monde (Le), *Og Mandino*

Plus grand vendeur du monde (Le), *Og Mandino*

Plus grands coachs de vente du monde (Les), *Robert Nelson*

Plus vieux secret du monde (Le), *Marc Fisher*

Pour le cœur et l'esprit, *Patrick Leroux*

Pouvoir de la pensée positive (Le), *Eric Fellman*

Pouvoir de la persuasion (Le), *Napoleon Hill*

Pouvoir de vendre (Le), *José Silva et Ed Bernd fils*
Pouvoir magique des relations d'affaires (Le), *Timothy L. Templeton et Lynda Rutledge Stephenson*
Pouvoir triomphant de l'amour (Le), *Catherine Ponder*
Pouvoir ultime : vers une richesse authentique, *Pascal Roy*
Prenez du temps pour vous-même, *Ruth Fishel*
Prenez rendez-vous avec vous-même, *Ruth Fishel*
Prenez de l'altitude. Ayez la bonne attitude !, *Pat Mesiti*
Principes spirituels de la richesse (Les), *Marc Fisher*
Progresser à pas de géant, *Anthony Robbins*
Prospérité par les chemins de l'amour : De la pauvreté à l'épanouissement : mon histoire (La), *Catherine Ponder*
Provoquez le leadership, *John C. Maxwell*
Quand on veut, on peut ! *Norman Vincent Peale*
Quel Cirque ! *Jean David*
Qui va pleurer… quand vous mourrez ? *Robin S. Sharma*
Règles ont changé ! (Les) *Bill Quain*
Relations 101, *John C. Maxwell*
Relations efficaces pour un leadership efficace, *John C. Maxwell*
Relations humaines, secret de la réussite (Les), *Elmer Wheeler*
Renaissance, retrouver l'équilibre intérieur (La), *Marc Gervais*
Rendez-vous au sommet, *Zig Ziglar*
Retour du chiffonnier (Le), *Og Mandino*
Réussir à tout prix, *Elmer Wheeler*
Réussir grâce à la confiance en soi, *Beverly Nadler*
Réussir n'est pas péché, *collectif de conférenciers et formateurs*
Réussir sa vie : Les chemins vers l'équilibre, *Marc Gervais*
Rien n'est impossible, *Christopher Reeve*
Sagesse des mots (La), *Baltasar Gracián*
Sagesse du moine qui vendit sa Ferrari (La), *Robin S. Sharma*
S'aimer soi-même, *Robert H. Schuller*
Saisons du succès (Les), *Denis Waitley*
Sans peur et sans relâche, *Joe Tye*
Savoir vivre, *Lucien Auger*
Secret (Le), Rhonda Byrne
Secret d'un homme riche (Le), *Ken Roberts*
Secret est dans le plaisir (Le), *Marguerite Wolfe*
Secrets de la confiance en soi (Les), *Robert Anthony*
Secrets d'une communication réussie (Les), *Larry King et Bill Gilbert*
Semainier du Succès (Le), *éditions Un monde différent ltée*
Six façons d'améliorer votre santé grâce au noni, Neil Solomon
Sommeil idéal, guide pour bien dormir et vaincre l'insomnie (Le), *Nicole Gratton*
Stratégies de prospérité, *Jim Rohn*
Stratégies du Fonceur (Les), *Danielle DeGarie*
Stratégies pour communiquer efficacement, *Vera N. Held*
Succès d'après la méthode de Glenn Bland (Le), *Glenn Bland*
Succès n'est pas le fruit du hasard (Le), *Tommy Newberry*
Succès selon Jack (Le), *Jack Canfield et Janet Switzer*
Technologie mentale, un logiciel pour votre cerveau (La), *Barbara Berger*
Télépsychique (La), *Joseph Murphy*
Tendresse : chemin de guérison des émotions et du corps par la psycho-kinésiologie, science de la tendresse, *Hedwige Flückiger et Aline Lévesque*
Testament du Millionnaire (Le), *Marc Fisher*
Tiger Woods : La griffe d'un champion, *Earl Woods et Pete McDaniel*
Tout est dans l'attitude, *Jeff Keller*
Tout est possible, *Robert H. Schuller*
Tracez votre destinée professionnelle, *Mylène et Mélanie Grégoire*
Ultime équilibre yin yang (L'), *Mian-Ying Wang*
Un, *Richard Bach*
Une larme d'or, *Sally Manning et Danièle Sauvageau*

Une meilleure façon de vivre, *Og Mandino*
Une révolution appelée noni, *Rita Elkins*
Univers de la possibilité : un art à découvrir (L'), *Rosamund et Benjamin Stone*
Université du succès, trois tomes (L'), *Og Mandino*
Vaincre l'adversité, *John C. Maxwell*
Vie est magnifique (La), *Charlie « T. » Jones*
Vie est un rêve (La), *Marc Fisher*
Vieux Golfeur et le Vendeur (Le), *Normand Paul*
Visez la victoire, *Lanny Bassham*
Vivez passionnément, Peter L. Hirsch
Vivre Grand : développez votre confiance jusqu'à l'audace, *Thierry Schneider*
Vivre sa vie autrement, *Eva Arcadie*
Vous êtes unique, ne devenez pas une copie !, *John L. Mason*
Vous inc., découvrez le P.-D. G. en vous, *Burke Hedges*
Voyage au cœur de soi, *Marie-Lou et Claude*
Zoom sur l'intelligence émotionnelle, *Travis Bradberry et Jean Greaves*

Liste des cassettes audio :

Après la pluie, le beau temps !, *Robert H. Schuller*
Arrêtez d'avoir peur et croyez au succès !, *Jean Guy Leboeuf*
Assurez-vous de gagner, *Denis Waitley*
Atteindre votre plein potentiel, *Norman Vincent Peale*
Attitude d'un gagnant, *Denis Waitley*
Comment attirer l'argent, *Joseph Murphy*
Comment contrôler votre temps et votre vie, *Alan Lakein*
Comment se fixer des buts et les atteindre, *Jack E. Addington*
Communiquer : Un art qui s'apprend, *Lise Langevin Hogue*
Créez l'abondance, *Deepak Chopra*
De l'échec au succès, *Frank Bettger*
Dites oui à votre potentiel, *Skip Ross*
Dix commandements pour une vie meilleure, *Og Mandino*
Fortune à votre portée (La), *Russell H. Conwell*
Homme est le reflet de ses pensées (L'), *James Allen*
Intelligence émotionnelle (L'), *Daniel Goleman*
Je vous défie ! *William H. Danforth*
Lâchez prise ! *Guy Finley*
Lois dynamiques de la prospérité (Les), (2 parties) *Catherine Ponder*
Magie de croire (La), *Claude M. Bristol*
Magie de penser succès (La), *David J. Schwartz*
Magie de voir grand (La), *David J. Schwartz*
Maigrir par autosuggestion, *Brigitte Thériault*
Mémorandum de Dieu (Le), *Og Mandino*
Menez la parade ! *John Haggai*
Pensez en gagnant ! *Walter Doyle Staples*
Performance maximum, *Zig Ziglar*
Plus grand vendeur du monde (Le), (2 parties) *Og Mandino*
Pouvoir de l'optimisme (Le), *Alan Loy McGinnis*
Psychocybernétique (La), *Maxwell Maltz*
Puissance de votre subconscient (La), (2 parties) *Joseph Murphy*
Réfléchissez et devenez riche, *Napoleon Hill*
Rendez-vous au sommet, *Zig Ziglar*
Réussir grâce à la confiance en soi, *Beverly Nadler*
Secret de la vie plus facile (Le), *Brigitte Thériault*
Secrets pour conclure la vente (Les), *Zig Ziglar*
Se guérir soi-même, *Brigitte Thériault*
Sept Lois spirituelles du succès (Les), *Deepak Chopra*
Votre plus grand pouvoir, *J. Martin Kohe*

Liste des disques compacts :

Conversations avec Dieu, *Neale Donald Walsch*
Créez l'abondance, *Deepak Chopra*
Dix commandements pour une vie meilleure, (disque compact double) *Og Mandino*

Lâchez prise! (disque compact double) *Guy Finley*
Mémorandum de Dieu (Le), (deux versions: Roland Chenail et Pierre Chagnon), *Og Mandino*
Père riche, Père pauvre, (disque compact double) *Robert T. Kiyosaki et Sharon L. Lechter*
Quatre accords toltèques (Les) (disque compact double), *Don Miguel Ruiz*
Sept lois spirituelles du succès (Les) (disque compact double), *Deepak Chopra*

En vente chez votre libraire ou à la maison d'édition
Prix sujets à changement sans préavis

Si vous désirez obtenir le catalogue de nos parutions, il vous suffit de nous écrire à l'adresse suivante:

Les éditions Un monde différent ltée
C.P. 51546
Succursale Galeries Taschereau
Greenfield Park (Québec), Canada J4V 3N8
ou de composer le 450 656-2660 ou le téléc. 450 659-9328
Site Internet: http://www.unmondedifferent.com
Courriel: info@umd.ca